Die besten Kinder Klassiker

Inhalt

IA

Max und Moritz

eine Bubengeschichte in sieben Streichen
von Wilhelm Busch

Vorwort

Ach, was muss man oft von bösen
Kindern hören oder lesen!
Wie zum Beispiel hier von diesen,
welche Max und Moritz hießen;
die, anstatt durch weise Lehren
sich zum Guten zu bekehren,
oftmals noch darüber lachten
und sich heimlich lustig machten.
Ja, zur Übeltätigkeit,
ja, dazu ist man bereit!
Menschen necken, Tiere quälen,
Äpfel, Birnen, Zwetschgen stehlen –
das ist freilich angenehmer
und dazu auch viel bequemer,
als in Kirche oder Schule
festzusitzen auf dem Stuhle.
Aber wehe, wehe, wehe,
wenn ich auf das Ende sehe!
Ach, das war ein schlimmes Ding,
wie es Max und Moritz ging.
Drum ist hier, was sie getrieben,
abgemalt und aufgeschrieben.

Erster Streich

Mancher gibt sich viele Müh
mit dem lieben Federvieh;
einesteils der Eier wegen,
welche diese Vögel legen;
zweitens, weil man dann und wann
einen Braten essen kann;
drittens aber nimmt man auch
ihre Federn zum Gebrauch
in die Kissen und die Pfühle,
denn man liegt nicht gerne kühle.

Seht, da ist die Witwe Bolte,
die das auch nicht gerne wollte.

Ihrer Hühner waren drei
und ein stolzer Hahn dabei.
Max und Moritz dachten nun:
Was ist hier jetzt wohl zu tun?
Ganz geschwinde, eins, zwei, drei,
schneiden sie sich Brot entzwei,
in vier Teile, jedes Stück
wie ein kleiner Finger dick.

Diese binden sie an Fäden,
übers Kreuz, ein Stück an jeden,
und verlegen sie genau
in den Hof der guten Frau.

Kaum hat dies der Hahn gesehen,
fängt er auch schon an zu krähen:
Kikeriki! Kikikerikih!
Tak, tak, tak! – da kommen sie.

Hahn und Hühner schlucken munter
jedes ein Stück Brot hinunter;

aber als sie sich besinnen,
konnte keines recht von hinnen.

In die Kreuz und in die Quer
reißen sie sich hin und her,

flattern auf und in die Höh,
ach herrje, herrjemine!

Ach, sie bleiben an dem langen,
dürren Ast des Baumes hangen.
Und ihr Hals wird lang und länger;
ihr Gesang wird bang und bänger.

Jedes legt noch schnell ein Ei,
und dann kommt der Tod herbei.

Witwe Bolte in der Kammer
hört im Bette diesen Jammer.

Ahnungsvoll tritt sie heraus,
ach, was war das für ein Graus!
„Fließet aus dem Aug', ihr Tränen!
All mein Hoffen, all mein Sehnen,

meines Lebens schönster Traum
hängt an diesem Apfelbaum!"

Tief betrübt und sorgenschwer
kriegt sie jetzt das Messer her,
nimmt die Toten von den Strängen,
dass sie so nicht länger hängen,

und mit stummem Trauerblick
kehrt sie in ihr Haus zurück.

Dieses war der erste Streich,
doch der zweite folgt sogleich.

Zweiter Streich

Als die gute Witwe Bolte
sich von ihrem Schmerz erholte,
dachte sie so hin und her,
dass es wohl das Beste wär,
die Verstorb'nen, die hienieden
schon so frühe abgeschieden,
ganz im Stillen und in Ehren
gut gebraten zu verzehren.
Freilich war die Trauer groß,
als sie nun so nackt und bloß
abgerupft am Herde lagen,
sie, die einst in schönen Tagen
bald im Hofe, bald im Garten
lebensfroh im Sande scharrten.

Ach, Frau Bolte weint aufs Neu,
und der Spitz steht auch dabei.

Max und Moritz rochen dieses;
„Schnell aufs Dach gekrochen!",
hieß es.

Durch den Schornstein mit Vergnügen
sehen sie die Hühner liegen,
die schon ohne Kopf und Gurgeln
lieblich in der Pfanne schmurgeln.

Eben geht mit einem Teller
Witwe Bolte in den Keller,
dass sie von dem Sauerkohle
eine Portion sich hole,
wofür sie besonders schwärmt,
wenn er wieder aufgewärmt.

Unterdessen auf dem Dache
ist man tätig bei der Sache.
Max hat schon mit Vorbedacht
eine Angel mitgebracht.

Schnupdiwup! – da wird nach oben
schon ein Huhn heraufgehoben;
schnupdiwup! – jetzt Num'ro zwei;
schnupdiwup! – jetzt Num'ro drei;
und jetzt kommt noch Num'ro vier:
Schnupdiwup! – dich haben wir!
Zwar der Spitz sah es genau,
und er bellt: Rawau! Rawau!

Aber schon sind sie ganz munter
fort und von dem Dach herunter.
Na! Das wird Spektakel geben,
denn Frau Bolte kommt soeben;

angewurzelt stand sie da,
als sie nach der Pfanne sah.
Alle Hühner waren fort;
„Spitz!“ – das war ihr erstes Wort.

„Oh, du Spitz, du Ungetüm!
Aber wart! Ich komme ihm!“

Mit dem Löffel, groß und schwer,
geht es über Spitzen her;
laut ertönt sein Wehgeschrei,
denn er fühlt sich schuldenfrei.

Max und Moritz im Verstecke
schnarchen aber an der Hecke,
und vom ganzen Hühnerschmaus
guckt nur noch ein Bein heraus.

Dieses war der zweite Streich,
doch der dritte folgt sogleich.

Dritter Streich

Jedermann im Dorfe kannte
einen, der sich Böck benannte.
Alltagsröcke, Sonntagsröcke,
lange Hosen, spitze Fräcke,
Westen mit bequemen Taschen,
warme Mäntel und Gamaschen –
alle diese Kleidungssachen
wusste Schneider Böck zu machen.
Oder wäre was zu flicken,
abzuschneiden, anzustücken
oder gar ein Knopf der Hose
abgerissen oder lose –
wie und wo und wann es sei,
hinten, vorne, einerlei –,
alles macht der Meister Böck,
denn das ist sein Lebenszweck.
Drum so hat in der Gemeinde
jedermann ihn gern zum Freunde.
Aber Max und Moritz dachten,
wie sie ihn verdrießlich machten.

Nämlich vor des Meisters Hause
floss ein Wasser mit Gebrause.
Übers Wasser führt ein Steg,
und darüber geht der Weg.

Max und Moritz, gar nicht träge,
sägen heimlich mit der Säge
ritzeratze! – voller Tücke,
in die Brücke eine Lücke.
Als nun diese Tat vorbei,
hört man plötzlich ein Geschrei:

„He, heraus, du Ziegen-Böck!
Schneider, Schneider,
meck, meck, meck!"
Alles konnte Böck ertragen,
ohne nur ein Wort zu sagen;
aber wenn er dies erfuhr,
ging's ihm wider die Natur.

Schnelle springt er mit der Elle
über seines Hauses Schwelle,
denn schon wieder ihm zum Schreck
tönt ein lautes: „Meck, meck, meck!"

Und schon ist er auf der Brücke.
Kracks! Die Brücke bricht in Stücke;

Wieder tönt es: „Meck, meck, meck!“
Plumps! Da ist der Schneider weg!

Grad als dieses vorgekommen,
kommt ein Gänsepaar geschwommen,
welches Böck in Todeshast
krampfhaft bei den Beinen fasst.

Beide Gänse in der Hand,
flattert er auf trock’nes Land.

Übrigens bei alledem
ist so etwas nicht bequem!

Wie denn Böck von der Geschichte
auch das Magendrücken kriegte.

Hoch ist hier Frau Böck zu preisen!
Denn ein heißes Bügeleisen,
auf den kalten Leib gebracht,
hat es wieder gutgemacht.

Bald im Dorf hinauf, hinunter
hieß es: „Böck ist wieder munter!“

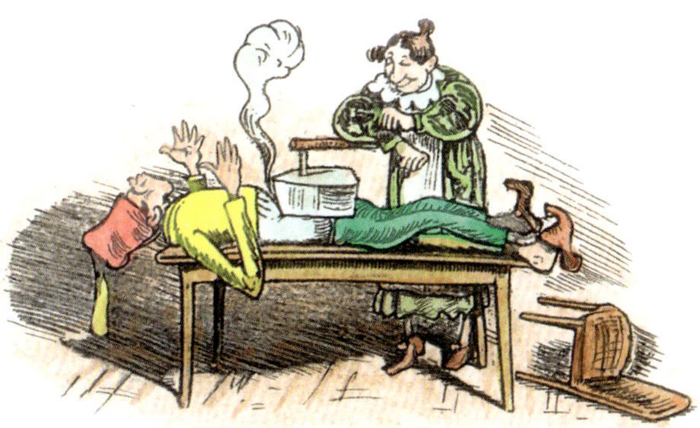

Dieses war der dritte Streich,
doch der vierte folgt sogleich.

Vierter Streich

Also lautet ein Beschluss:
dass der Mensch was lernen muss.
Nicht allein das Abc
bringt den Menschen in die Höh;
nicht allein im Schreiben, Lesen
übt sich ein vernünftig Wesen;
nicht allein in Rechnungssachen
soll der Mensch sich Mühe machen;
sondern auch der Weisheit Lehren
muss man mit Vergnügen hören.

Dass dies mit Verstand geschah,
war Herr Lehrer Lämpel da.
Max und Moritz, diese beiden,
mochten ihn darum nicht leiden;
denn wer böse Streiche macht,
gibt nicht auf den Lehrer acht.
Nun war dieser brave Lehrer
von dem Tobak ein Verehrer,
was man ohne alle Frage
nach des Tages Müh und Plage
einem guten, alten Mann
auch von Herzen gönnen kann.

Max und Moritz, unverdrossen,
sinnen aber schon auf Possen,
ob vermittels seiner Pfeifen
dieser Mann nicht anzugreifen.

Einstens, als es Sonntag wieder
und Herr Lämpel, brav und bieder,
in der Kirche mit Gefühle
saß vor seinem Orgelspiele,
schlichen sich die bösen Buben
in sein Haus und seine Stuben,
wo die Meerschaumpfeife stand.

Max hält sie in seiner Hand;
aber Moritz aus der Tasche
zieht die Flintenpulverflasche,
und geschwinde – stopf, stopf, stopf! –
Pulver in den Pfeifenkopf.
Jetzt nur still und schnell nach Haus,
denn schon ist die Kirche aus.

Eben schließt in sanfter Ruh
Lämpel seine Kirche zu;

und mit Buch und Notenheften,
nach besorgten Amtsgeschäften,
lenkt er freudig seine Schritte
zu der heimatlichen Hütte;

und voll Dankbarkeit sodann
zündet er sein Pfeifchen an.

„Ach!“, spricht er, „Die größte Freud
ist doch die Zufriedenheit!

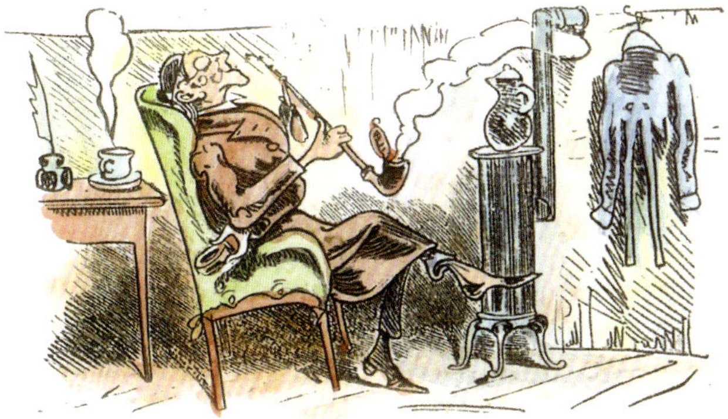

Rums! Da geht die Pfeife los
mit Getöse, schrecklich groß.
Kaffeetopf und Wasserglas,
Tobaksdose, Tintenfass,
Ofen, Tisch und Sorgensitz –
alles fliegt im Pulverblitz.

Als der Dampf sich nun erhob,
sieht man Lämpel, der – gottlob! –
lebend auf dem Rücken liegt;
doch er hat was abgekriegt.

Nase, Hand, Gesicht und Ohren
sind so schwarz als wie die Mohren,
und des Haares letzter Schopf
ist verbrannt bis auf den Kopf.
Wer soll nun die Kinder lehren
und die Wissenschaft vermehren?
Wer soll nun für Lämpel leiten
seine Amtestätigkeiten?
Woraus soll der Lehrer rauchen,
wenn die Pfeife nicht zu brauchen?

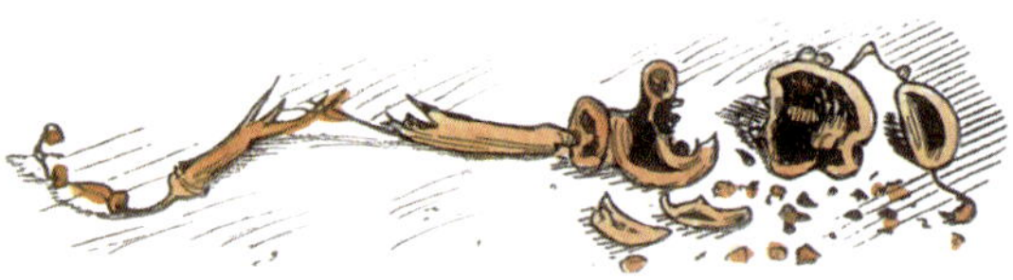

Mit der Zeit wird alles heil,
nur die Pfeife hat ihr' Teil.

Dieses war der vierte Streich,
doch der fünfte folgt sogleich.

Fünfter Streich

Wer in Dorfe oder Stadt
einen Onkel wohnen hat,
der sei höflich und bescheiden,
denn das mag der Onkel leiden.
Morgens sagt man: „Guten Morgen!
Haben Sie was zu besorgen?"
Bringt ihm, was er haben muss:
Zeitung, Pfeife, Fidibus.
Oder sollt es wo im Rücken
drücken, beißen oder zwicken,
gleich ist man mit Freudigkeit
dienstbeflissen und bereit.
Oder sei's nach einer Prise,
dass der Onkel heftig niese,
ruft man „Prosit!" allsogleich.
„Danke!" „Wohl bekomm es Euch!"
Oder kommt er spät nach Haus,
zieht man ihm die Stiefel aus,
holt Pantoffel, Schlafrock, Mütze,
dass er nicht im Kalten sitze.
Kurz, man ist darauf bedacht,
was dem Onkel Freude macht.
Max und Moritz ihrerseits
fanden darin keinen Reiz.
Denkt euch nur, welch schlechten Witz
machten sie mit Onkel Fritz!

Jeder weiß, was so ein Mai-
Käfer für ein Vogel sei.
In den Bäumen hin und her
fliegt und kriecht und krabbelt er.

Max und Moritz, immer munter,
schütteln sie vom Baum herunter.

In die Tüte von Papiere
sperren sie die Krabbeltiere.

Fort damit und in die Ecke
unter Onkel Fritzens Decke!

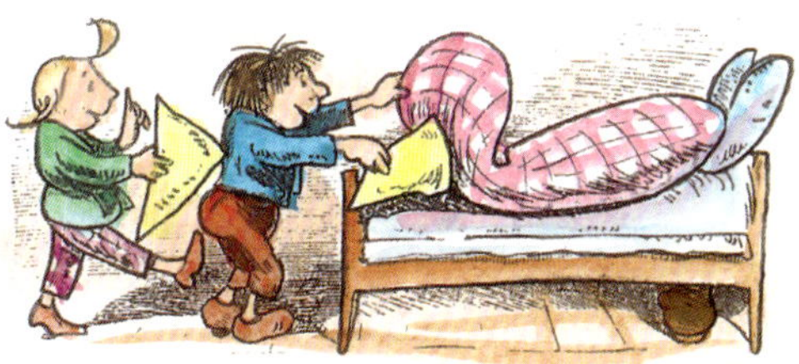

Bald zu Bett geht Onkel Fritze
in der spitzen Zipfelmütze;
seine Augen macht er zu,
hüllt sich ein und schläft in Ruh.

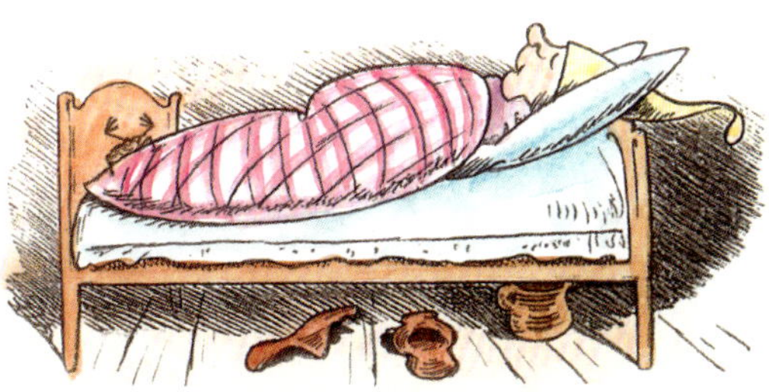

Doch die Käfer – kritze, kratze! –
kommen schnell aus der Matratze.

Schon fasst einer, der voran,
Onkel Fritzens Nase an.

„Bau!", schreit er, „Was ist das hier?",
und erfasst das Ungetier.

Und den Onkel voller Grausen
sieht man aus dem Bette sausen.

„Autsch!" – Schon wieder hat er einen
im Genicke, an den Beinen.

Hin und her und rundherum
kriecht es, fliegt es mit Gebrumm.

Onkel Fritz, in dieser Not,
haut und trampelt alles tot.

Guckste wohl! Jetzt ist's vorbei
mit der Käferkrabbelei!

Onkel Fritz hat wieder Ruh
und macht seine Augen zu.

Dieses war der fünfte Streich,
doch der sechste folgt sogleich.

Sechster Streich

In der schönen Osterzeit,
wenn die frommen Bäckersleut
viele süße Zuckersachen
backen und zurechtemachen,
wünschen Max und Moritz auch
sich so etwas zum Gebrauch.
Doch der Bäcker, mit Bedacht,
hat das Backhaus zugemacht.

Also will hier einer stehlen,
muss er durch den Schlot sich quälen.

Ratsch! Da kommen die zwei Knaben
durch den Schornstein, schwarz wie Raben.

Puff! Sie fallen in die Kist',
wo das Mehl darinnen ist.

Da! Nun sind sie alle beide
rundherum so weiß wie Kreide.

Aber schon mit viel Vergnügen
sehen sie die Brezeln liegen.

Knacks! – da bricht der Stuhl entzwei;

Schwapp! – da liegen sie im Brei.

Ganz von Kuchenteig umhüllt,
stehn sie da als Jammerbild.

Gleich erscheint der Meister Bäcker
und bemerkt die Zuckerlecker.

Eins, zwei, drei! – eh man's gedacht,
sind zwei Brote draus gemacht.

In dem Ofen glüht es noch.
Ruff! – damit ins Ofenloch!

Ruff! – man zieht sie aus der Glut;
denn nun sind sie braun und gut.

Jeder denkt, die sind perdü!
Aber nein – noch leben sie.

Knusper, knasper! – wie zwei Mäuse
fressen sie durch das Gehäuse;

und der Meister Bäcker schrie:
„Ach herrje! Da laufen sie!"

Dieses war der sechste Streich,
doch der letzte folgt sogleich.

Letzter Streich

Max und Moritz, wehe euch!
Jetzt kommt euer letzter Streich!

Wozu müssen auch die beiden
Löcher in die Säcke schneiden?

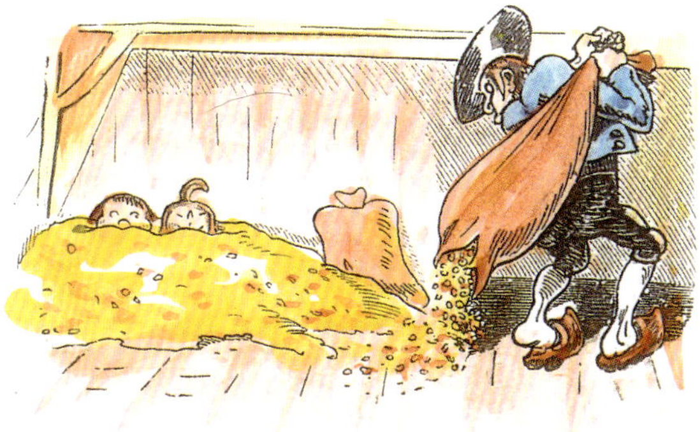

Und verwundert steht und spricht er:
„Zapperment! Dat Ding wird lichter!“

Seht, da trägt der Bauer Mecke
einen seiner Maltersäcke.

Hei! Da sieht er voller Freude
Max und Moritz im Getreide.

Aber kaum dass er von hinnen,
fängt das Korn schon an zu rinnen.

Rabs! – in seinen großen Sack
schaufelt er das Lumpenpack.

Max und Moritz wird es schwüle,
denn nun geht es nach der Mühle.

„Meister Müller, he, heran!
Mahl Er das, so schnell Er kann!“

„Her damit!“ Und in den Trichter
schüttelt er die Bösewichter.

Rickeracke! Rickeracke! –
geht die Mühle mit Geknacke.

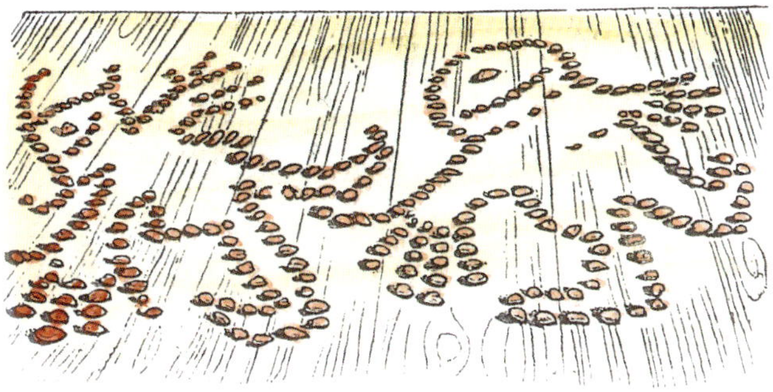

Hier kann man sie noch erblicken,
fein geschroten und in Stücken.

Doch sogleich verzehret sie
Meister Müllers Federvieh.

Schluss

Als man dies im Dorf erfuhr,
war von Trauer keine Spur.
Witwe Bolte, mild und weich,
sprach: „Sieh da, ich dacht es gleich!“
„Ja, ja, ja!“, rief Meister Böck,
„Bosheit ist kein Lebenszweck!“
Drauf, so sprach Herr Lehrer Lämpel:
„Dies ist wieder ein Exempel!“
„Freilich!“, meint der Zuckerbäcker.
„Warum ist der Mensch so lecker?“

Selbst der gute Onkel Fritze
sprach: „Das kommt von dumme Witze!“
Doch der brave Bauersmann
dachte: Wat geiht meck dat an?
Kurz, im ganzen Ort herum
ging ein freudiges Gebrumm:
„Gott sei Dank! Nun ist’s vorbei
mit der Übeltäterei!“

Robin Hood

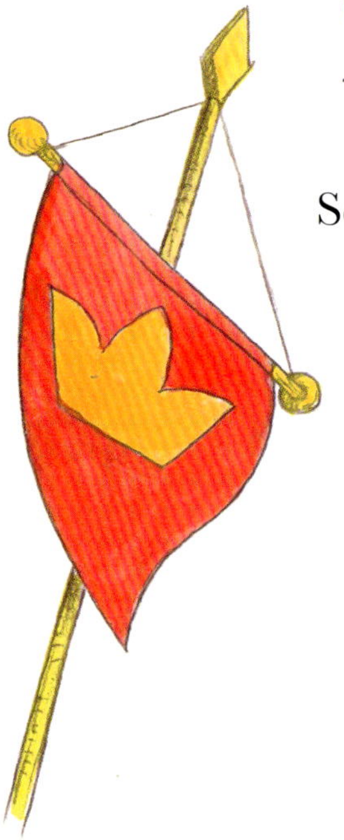

Seid gegrüßt! Ich bin der Spielmann Alan-a-Dale! Bestimmt habt ihr schon viel von dem legendären Robin Hood gehört. Lasst euch nun von mir erzählen, was damals wirklich geschah:

Der gute König Richard Löwenherz war zu einem Kreuzzug ins Gelobte Land aufgebrochen. Er überließ das Königreich seinem schurkischen Bruder Prinz John. Noch nie hatte das Volk von England solche Not gelitten! Der geldgierige Prinz John erließ immer neue und härtere Steuern. Die Menschen hungerten, doch Prinz John hatte nie genug! Wer sich widersetzte, wurde hart bestraft.

Der Sheriff von Nottingham trieb die Steuern für den gierigen Prinzen John ein. Die Schatztruhen des Königs quollen schon über.
„Hat denn Prinz John nie genug?“, stöhnte ein armer Mann.
„Vorsicht, Bürschchen, sonst landest du noch am Galgen!“, drohte der Sheriff von Nottingham. „Prinz John versteht da keinen Spaß! Das ist Majestätsbeleidigung!“ In dieser dunklen Zeit gab es für die Menschen nur einen Hoffnungsschimmer: Robin Hood!
Der blieb seinem König Richard Löwenherz treu und widersetzte sich den Befehlen Prinz Johns.
Mit seinen treuen Freunden hatte er sich tief im Wald von Sherwood Forest versteckt. Er nahm den Steuer-Eintreibern des Königs das Geld wieder ab und gab es den Armen zurück.

Nicht weit von Nottingham spazierten Robin und sein Freund Little John eines Tages plaudernd und lachend durch den Wald. Ganz in der Nähe wurde eine prächtige Kutsche, die zweifellos mit Schatzkisten beladen war, von Soldaten über eine Lichtung eskortiert …

„Das ist eine gute Gelegenheit, wieder Geld für die Armen zu sammeln“, sagte Robin. „Was hältst du davon, Little John?“

„Klar!“, lachte Little John. „Lass uns Prinz John ein wenig um seine goldene Last erleichtern.“

In der Kutsche zählte Prinz John sein Gold, und sein Berater sah ihm dabei zu. „Steuern! Wundervolle Steuern!“, lachte der Prinz und griff gierig nach einem Sack voller Goldstücke, die sie den armen Leuten abgenommen hatten.

„Nimm von den Armen und gib es den Reichen, das ist mein Motto!“, rief Prinz John und warf ganze Hände voll Gold in die Luft.

„König Richards Krone steht Euch gut zu Gesichte, Sir“, schmeichelte ihm sein Berater.

„Ja, es war eine glänzende Idee, meinen Bruder zu diesem Kreuzzug zu überreden“, erwiderte Prinz John.

Robin Hood und Little John verkleideten sich hurtig als Wahrsagerinnen und stellten sich der Kutsche in den Weg. „Weissagungen! Glücksbringer!“, rief Little John. „Lasst Euch von uns die Zukunft aus der Hand lesen, Sir!“, rief Robin mit verstellter Stimme. Prinz John ließ die Kutsche anhalten. „Seid vorsichtig, Sir! Das könnten Banditen sein“, flüsterte ihm sein Berater ins Ohr. Doch der Prinz hörte nicht auf seine Warnung.

„Kommt näher, meine Damen!“, rief er und hielt die Hände aus dem Fenster der Kutsche. „Ihr dürft meine königlichen Hände küssen.“

Während Robin Hood in der Kutsche vorgab, dem Prinzen aus einer Kristallkugel die Zukunft zu lesen, bohrte Little John ein Loch in die Schatzkiste und fing die Goldmünzen mit seinem Gewand auf.

Die Wachen schliefen im Stehen und bemerkten nichts davon.
Als Robin mit mehreren Goldsäcken in den Händen aus der Kutsche sprang, stieß er mit Little John zusammen. Schnell rafften sie das Gold zusammen, das dabei auf den Boden gefallen war, und rannten in den Wald davon.
Später wollten sie das Geld an die Armen verteilen.
Entsetzt stürzte Prinz John aus der Kutsche und rief:
„Hilfe, man hat mich beraubt!"

Die Wachen rannten den beiden hinterher, aber Robin Hood und Little John waren viel zu flink, um sich fangen zu lassen. In Windeseile waren sie, bepackt mit Säcken voller Gold, im Wald verschwunden.

Im Waldversteck überraschte sie der Mönch Bruder Tuck mit guten Neuigkeiten. „Prinz John veranstaltet in Nottingham ein Turnier im Bogenschießen“, erzählte er. „Danke, aber ich glaube nicht, dass wir dazu eingeladen sind?“, lachte Robin.

„Das seid ihr auch nicht“, erwiderte Bruder Tuck. „Aber Maid Marian wäre sicher enttäuscht, wenn du nicht kommen würdest. Vor allem, weil der Sieger einen Kuss von ihr bekommt.“

Robins Augen leuchteten auf.

„Wo sind mein Bogen und meine Pfeile?“, rief er. Jeder in Sherwood Forest wusste, dass Maid Marian und Robin sich liebten, seit sie kleine Kinder gewesen waren.

Endlich war
der große Tag
gekommen. Fanfaren
verkündeten den Beginn
des Turniers. Alle jubelten laut, als der Schiedsrichter
den Gewinn auf einem Samtkissen hochhielt.
Es war ein goldener Pfeil.

Am Rande des Geländes verkleideten sich Robin und Little John, damit sie unerkannt an dem Turnier teilnehmen konnten. Vor der königlichen Loge verbeugte sich Little John vor dem Prinzen und sagte:

„Es ist eine große Ehre, Eure königliche Hoheit kennenzulernen."

„Darf man erfahren, wer Ihr seid?", fragte der Prinz.

„Sire Reginald, Herzog von Chutney", erwiderte Little John.

Während die besten Bogenschützen des Landes vor Prinz John aufmarschierten, schaute sich Maid Marian genau die Gesichter der Schützen an, in der Hoffnung, in einem von ihnen Robin Hood zu erkennen. Der setzte seinen Pfeil an, fixierte das Ziel und schoss ihn direkt ins Schwarze. Dann kamen die anderen Bogenschützen an die Reihe, aber sie konnten die Zielscheibe nicht treffen, und so schieden sie einer nach dem anderen aus. Zum Schluss waren nur noch Robin und der Sheriff von Nottingham im Rennen. Der Sheriff versuchte alles, um Robin abzulenken, aber es gelang ihm nicht. Bis zu diesem Zeitpunkt hatte noch niemand erkannt, dass der unbekannte Schütze Robin Hood war. Nur Maid Marian wusste, wer sich unter diesem großen Hut verbarg, und hoffte darauf, dass Robin das Turnier gewinnen würde. Der letzte Pfeil traf genau in die Mitte. Zum Schluss spaltete er sogar noch den Pfeil des Sheriffs.

Das Publikum auf den Rängen jubelte und klatschte und feuerte den unbekannten Schützen weiter an. Bald wurde Prinz John misstrauisch, und den Wachen wurde klar, dass dieser Schütze nur Robin Hood sein konnte. Also machten sie sich bereit, ihn zu verhaften. Als Robin vor die königliche Loge trat, um seinen Preis in Empfang zu nehmen, gratulierte ihm der Prinz zunächst, doch dann schlitzte er mit seinem Schwert blitzschnell Robins Verkleidung auf.

„Nehmt ihn fest!", befahl er, und wenige Augenblicke später hatten die Wachen Robin überwältigt und gefesselt. Maid Marian flehte Prinz John vergebens an, Robins Leben zu schonen. – „Kopf ab!", befahl er, und der Henker trat vor.

Doch da stellte sich Little John hinter den Prinzen. Er hielt einen Dolch an dessen Rücken und befahl ihm, Robin Hood freizulassen.

„Halt, Henker!“, rief Prinz John, der alles andere als ein Held war, und fuhr fort: „Sheriff, lasst den Gefangenen frei!“

Als der Sheriff Robin widerstrebend von seinen Fesseln befreite, jubelten die Leute von Nottingham.

Doch gleich darauf machten die Wachen des Prinzen wieder Jagd auf Robin Hood und Little John. Robin kämpfte tapfer und brachte auch Maid Marian in Sicherheit. „Oh, Robin, wie mutig du bist!“, rief sie bewundernd.

Daraufhin verschwanden Robin und Marian im Wald, wo sie vor ihren Häschern sicher waren.

„Willst du mich heiraten, Marian?“, fragte Robin, als sie endlich allein waren.

„Ich fürchtete schon, du würdest mich niemals fragen“, erwiderte Marian.

Ja, meine Freunde, das war also die wahre Geschichte von Robin Hood und Maid Marian. Mir dürft ihr sie ruhig glauben, denn ich, der Spielmann Alan-a-Dale, bin selbst dabei gewesen!

Der kleine Häwelmann

nach Theodor Storm

Auf meinem Schoße sitzet nun
und ruht der kleine Mann.
Mich schauen aus der Dämmerung
die zarten Augen an.

Er spielt nicht mehr, er ist bei mir,
will nirgends anders sein.
Die kleine Seele tritt heraus
und will zu mir herein.

Mein Häwelmann, mein Bursche klein,
du bist des Hauses Sonnenschein.
Die Vögel singen, die Kinder lachen,
wenn deine strahlenden Augen wachen.

Es war einmal ein kleiner Junge, der hieß Häwelmann. Des Nachts schlief er in einem Rollenbett, und auch des Nachmittags. Seine Mutter musste ihn darin in der Stube umherfahren, davon konnte er nie genug bekommen. Nun lag der kleine Häwelmann eines Nachts in seinem Rollenbett und konnte nicht einschlafen; die Mutter aber schlief schon lange neben ihm in ihrem großen Himmelbett. „Mutter“, rief der kleine Häwelmann, „ich will fahren!“ Und die Mutter langte im Schlaf mit dem Arm aus dem Bett und rollte die kleine Bettstelle hin und her, und wenn ihr der Arm müde werden wollte, so rief der kleine Häwelmann: „Mehr, mehr!“, und dann fing das Rollen wieder von vorne an.

Endlich aber schlief sie gänzlich ein; und so viel Häwelmann auch schreien mochte, sie hörte es nicht. Da dauerte es nicht lange, so sah der Mond in die Fensterscheiben, und was er da sah, war so possierlich, dass er sich erst mit seinem Pelzärmel über das Gesicht fuhr, um sich die Augen auszuwischen; so etwas hatte der alte Mond all seine Lebtage nicht gesehen. Da lag der kleine Häwelmann mit offenen Augen in seinem Rollenbett und hielt das eine Beinchen wie einen Mastbaum in die Höhe. Sein kleines Hemd hatte er ausgezogen und hängte es wie ein Segel an seiner kleinen Zehe auf; dann nahm er ein Hemdzipfelchen in jede Hand und fing mit beiden Backen an zu blasen. Und allmählich, leise, leise, fing es an zu rollen, über den Fußboden, dann die Wand hinauf, dann kopfüber die Decke entlang und dann die andere Wand wieder hinunter.

„Mehr, mehr!“, schrie Häwelmann, als er wieder auf dem Boden war; und dann blies er wieder die Backen auf, und dann ging es wieder kopfüber und kopfunter. Es war ein großes Glück für den kleinen Häwelmann, dass es gerade Nacht war und die Erde auf dem Kopf stand; sonst hätte er sich doch gar zu leicht den Hals brechen können.

Als er dreimal die Reise gemacht hatte, guckte der Mond ihm plötzlich ins Gesicht. „Junge“, sagte er, „hast du noch nicht genug?“ – „Nein“, schrie Häwelmann, „mehr, mehr! Mach mir die Tür auf! Ich will durch die Stadt fahren.“ – „Das kann ich nicht“, sagte der gute Mond; aber er ließ einen langen Strahl durch das Schlüsselloch fallen; und darauf fuhr der kleine Häwelmann zum Hause hinaus. Auf der Straße war es ganz still und einsam. Die hohen Häuser standen im hellen Mondschein und glotzten mit ihren schwarzen Fenstern recht dumm in die Stadt hinaus; aber die Menschen waren nirgends zu sehen.

Es rasselte recht, als der kleine Häwelmann in seinem Rollenbett über das Straßenpflaster fuhr; und der gute Mond ging immer neben ihm und leuchtete. So fuhren sie Straßen aus, Straßen ein; aber die Menschen waren nirgends zu sehen. Als sie bei der Kirche vorbeikamen, da krähte auf einmal der große, goldene Hahn auf dem Glockenturme. Sie hielten still. „Was machst du da?“, rief der kleine Häwelmann hinauf. – „Ich krähe zum ersten Mal!“, rief der goldene Hahn herunter. – „Wo sind denn die Menschen?“, rief der kleine Häwelmann hinauf. – „Die schlafen“, rief der goldene Hahn herunter, „wenn ich zum dritten Mal krähe, dann wacht der erste Mensch auf.“ – „Das dauert mir zu lange“, sagte Häwelmann.

„Ich will in den Wald fahren, alle Tiere sollen mich fahren sehen!“ – „Junge“, sagte der gute, alte Mond, „hast du noch nicht genug?“ – „Nein“, schrie Häwelmann, „mehr, mehr! Leuchte, alter Mond, leuchte!“ Und damit blies er die dicken Backen auf, und der gute, alte Mond leuchtete, und so fuhren sie zum Stadttor hinaus und übers Feld und in den dunklen Wald hinein.

Im Walde war es still und einsam; die Tiere waren nicht zu sehen; weder die Hirsche noch die Hasen, auch nicht die kleinen Mäuse. So fuhren sie immer weiter, durch Tannen- und Buchenwälder, bergauf, bergab. Der gute Mond ging nebenher und leuchtete in alle Büsche. Aber die Tiere waren nicht zu sehen. Nur eine Katze saß oben in einem Eichbaum und funkelte mit den Augen.

Da hielten sie still. „Das ist der kleine Hinze“, sagte Häwelmann, „ich kenne ihn wohl, er will die Sterne nachmachen.“

„Wo sind denn die anderen Tiere?“, rief der kleine Häwelmann.

„Die schlafen“, rief die kleine Katze. „Horch nur, wie sie schnarchen!“

„Junge!“, sagte der gute, alte Mond,
„hast du noch nicht genug?“
„Nein“, schrie Häwelmann, „mehr,
mehr!“
Und dann blies er die Backen
auf, und der gute, alte Mond
leuchtete; und so fuhren sie zum
Walde hinaus und dann über die
Heide bis ans Ende der Welt und
dann gerade in den Himmel hinein.

Hier war es lustig; alle Sterne waren wach und hatten die Augen auf und funkelten, dass der ganze Himmel blitzte.
„Platz da!“, schrie Häwelmann und fuhr in den hellen Haufen hinein, dass die Sterne links und rechts vor Angst vom Himmel fielen.

Und – hast du nicht gesehen! – fuhr er dem alten, guten Mond quer über die Nase, dass er ganz dunkelbraun im Gesicht wurde.
„Pfui!“, sagte der Mond und nieste drei Mal. „Alles mit Maßen!“
Und damit putzte er seine Laterne aus, und alle Sterne machten die Augen zu. Da wurde es im ganzen Himmel auf einmal so dunkel, dass man es ordentlich mit Händen greifen konnte. „Leuchte, alter Mond, leuchte!“, schrie Häwelmann, aber der Mond war nirgends zu sehen, auch die Sterne nicht; sie waren schon alle zu Bett gegangen. Da fürchtete der kleine Häwelmann sich sehr, weil er so allein im Himmel war. Er nahm seine Hemdzipfelchen in die Hände und blies die Backen auf; aber er wusste weder aus noch ein, er fuhr kreuz und quer, hin und her, und niemand sah ihn fahren, weder die Menschen noch die Tiere noch die lieben Sterne.

Da guckte endlich unten, ganz unten am Himmelsrande, ein rotes, rundes Gesicht zu ihm herauf, und der kleine Häwelmann meinte, der Mond sei wieder aufgegangen. „Leuchte, alter Mond, leuchte!“, rief er. Und dann blies er wieder die Backen auf und fuhr quer durch den ganzen Himmel und gerade darauf los. Es war aber die Sonne, die aus dem Meere heraufkam. „Junge“, rief sie und sah ihm mit ihren glühenden Augen ins Gesicht, „was machst du hier in meinem Himmel?“ Und – eins, zwei, drei! – nahm sie den kleinen Häwelmann und warf ihn mitten in das große Wasser. Da konnte er schwimmen lernen. Und dann? Ja, und dann? Weißt du nicht mehr? Wenn ich und du nicht gekommen wären und den kleinen Häwelmann in unser Boot genommen hätten, so hätte er doch leicht ertrinken können!

Pinocchio *nach Carlo Collodi*

Es war schon tiefe Nacht in der kleinen italienischen Stadt, doch im Haus des alten Holzschnitzers brannte noch Licht. Das war ganz und gar ungewöhnlich, denn der alte Geppetto pflegte morgens in aller Frühe aufzustehen und ging abends zeitig ins Bett. Aber heute war es anders.

Er hatte ein wunderschönes Stück Pinienholz gefunden und saß noch um Mitternacht, um daran zu schnitzen. Die große Grille, die normalerweise auf dem Kopf einer der hölzernen Marionetten schlief, lief unruhig auf und ab. Es war eine sehr schlaue Grille, und sie war sehr verwundert über den alten Geppetto, der seit vielen Stunden auf einem Hocker saß und ein kleines, seltsames Männchen schnitzte. Er hatte schon viele Marionetten geschnitzt, doch diese war irgendwie besonders. Bei jedem Schnitt in das helle Pinienholz hörte die Grille ein leises Stimmchen. Als das Männchen schließlich Arme und Beine hatte, streckte und reckte es sich wie ein Kind, das aus einem tiefen Schlaf erwacht.

Geppetto setzte es auf seinen Arbeitstisch, und – welch ein Wunder! – da schlenkerte der Kleine übermütig mit den Beinen. Der alte Mann malte ihm einen roten Mund ins Gesicht, und kaum war er damit fertig, öffnete der Kleine den Mund und fing an, laut zu lachen.

Geppetto freute sich sehr und nahm ihn auf den Arm. „Jetzt habe ich ein Söhnchen", strahlte der Alte. „Einen kleinen Jungen habe ich mir ein Leben lang gewünscht." Er überlegte einen Augenblick, dann sagte er lachend zu dem zappeligen Männchen: „Weißt du, ich werde dich Pinocchio nennen!"

Pinocchio hampelte auf dem Arbeitstisch herum, während Geppetto hier und dort eine Schublade aufzog und in Kästen kramte. „Wonach suchst du?", fragte Pinocchio neugierig. – „Wenn du nicht so rumzappelst, wirst du es gleich sehen." Geppetto legte ein Stück roten Stoff, einen Rest grünen Samt und eine große Schere neben ihn auf den Tisch. Aus dem Stoff schneiderte er ein kleines Hemdchen, und der grüne Samt wurde in wenigen Minuten zu einer Hose und einem Hut. Dann verschwand Geppetto für einen Augenblick in einer anderen Ecke des Raumes und kam mit einem Stück hellem Leder wieder. Daraus machte er noch zwei passende Schuhe. Pinocchio fand sich sehr schön in seinen neuen Sachen, aber als Geppetto ihm mitteilte, dass er nun auch in die Schule gehen solle, bereitete das dem Püppchen arge Bauchschmerzen. „Es wird dir Spaß machen, zusammen mit den anderen Kindern zu lernen", munterte Geppetto ihn auf. „Nun fehlt dir nur noch eine Fibel!", stellte Geppetto fest. Aber wovon soll ich sie bezahlen?, grübelte er. Plötzlich holte Geppetto seine Jacke hervor, schüttelte sie kräftig aus und machte sich damit auf den Weg in die Stadt. Nachdem Geppetto das Haus verlassen hatte, dachte Pinocchio wieder an die Schule. Am liebsten wäre er weggelaufen, aber Geppetto hatte die Tür und auch alle Fenster fest verschlossen.

So blieb ihm nichts anderes übrig, als am Fenster auf Geppetto zu warten.

Nach einer halben Stunde kam der alte Holzschnitzer wieder nach Hause. „Was hast du denn mit deiner Jacke gemacht?“, wollte Pinocchio wissen. – „Ach, mir war zu warm, da habe ich sie verkauft“, behauptete er. Geppetto knöpfte sein Hemd auf und zog eine Fibel hervor. „Hier, mein Söhnchen“, sagte er und reichte Pinocchio die Fibel. „Jetzt kannst du in die Schule gehen!“ – Pinocchio schämte sich, dass er eben noch hatte fliehen wollen. „Ich werde brav in die Schule gehen“, versprach er. „Und ich werde ganz fleißig lernen, dann verdiene ich später einmal viel Geld und kann dir eine neue Jacke kaufen!“, fügte er hinzu, denn ihm war nicht entgangen, dass Geppetto in seinem dünnen Hemd fror. Geppetto nahm den Kleinen auf den Arm und drückte ihn an sich.

Pinocchio machte sich auf den Weg. Je näher er der Schule kam, desto langsamer ging er. Obwohl Geppetto ihn schon früh aus dem Haus geschickt hatte, kam Pinocchio als Letzter im Schulzimmer an. Die Kinder johlten und schrien, als sie den kleinen Holzbuben sahen. Als der Lehrer wenig später den kleinen Pinocchio entdeckte, reichte er ihm die Hand: „Ich hoffe, dir wird es in der Schule gefallen! Jetzt musst du mir aber noch ein paar Fragen beantworten. Wie heißt dein Vater?“ „Geppetto“, antwortete Pinocchio. „Und was macht er von Beruf?“

„Mein Vater ist ein berühmter Holzschnitzer und ein sehr reicher Mann!" Kaum hatte Pinocchio den Satz ausgesprochen, da wurde seine Nase um ein ganzes Stück länger. – „Und wo wohnst du?", fragte der Lehrer.
„Ich wohne ... in einem großen Schloss." Oh weh! Es ruckte und zuckte in seiner Nase und schon war sie wieder ein Stück länger. „Warst du schon in einer anderen Schule?" Pinocchio zögerte einen Augenblick: „Ja, in einer ganz großen Stadt." Es ruckte und zuckte in seiner Nase, und – bums! – da stieß sie an das Pult, hinter dem der Lehrer saß und schrieb. Der Lehrer hob erschrocken den Kopf und sah Pinocchios lange Nase. Die anderen Kinder schrien vor Vergnügen, und der Lehrer drohte mit dem Stock, der für unartige Buben auf dem Pult bereitlag. Als endlich alle still waren, sagte der Lehrer zu den Kindern: „Ihr habt eben gesehen, dass Lügen nicht nur kurze Beine, sondern auch eine lange Nase haben."

Am nächsten Morgen machte sich Pinocchio wieder auf den Weg in die Schule, doch aus einer Seitenstraße hörte er schöne Musik. Neugierig ging er darauf zu, und im Nu hatte er die Schule vergessen! Die Musik kam aus einer Bude, auf der groß geschrieben stand: „Großes Puppentheater".

Pinocchio war begeistert und drängte sich an den Zuschauern vorbei auf die Bühne. Dort sah er die anderen Marionetten, die an Schnüren hingen und sich nicht so frei bewegen konnten wie er. „Ich werde Künstler!", rief er erfreut aus und sprang auf der Bühne hin und her.

Da kam der Besitzer des Marionettentheaters, ein großer, furchterregender Mann. „Bringt mir diesen Störenfried!“, befahl er den hölzernen Polizisten. Diese ergriffen Pinocchio und schleppten ihn zum Puppenspieler. „Ich brauche Brennholz und werde dich im Feuer verbrennen.“ Pinocchio hatte schreckliche Angst.

„Oder du reist mit uns um die Welt und bist einer von uns“, bot ihm der Puppenspieler an, aber Pinocchio wollte den armen Geppetto nicht alleinlassen. Da schenkte der große Mann ihm fünf Goldstücke für seinen Vater. „Du bist ein guter Junge“, sprach er und ließ Pinocchio gehen.

Auf dem Weg nach Hause begegnete Pinocchio zwei komischen Gestalten. Es waren Fuchs und Katze, die sich gegenseitig stützten.
„Was ist denn mit euch los?“, fragte Pinocchio, denn die beiden sahen sehr ärmlich aus. „Hallo, Pinocchio“, begrüßten sie ihn.
„Woher kennt ihr meinen Namen?“, fragte Pinocchio erstaunt.
„Oh, so einen berühmten Holzjungen kennt man eben“, erklärte der Fuchs.
„Ich kenne auch deinen Vater Geppetto“, log die Katze.
„Ich werde meinem Vater heute fünf Goldstücke bringen“, vertraute Pinocchio den beiden Ganoven an. – „Oh, du hast Gold?“, fragten diese neugierig. Pinocchio griff in die Tasche und zeigte seine Goldstücke. Die Katze riss die Augen weit auf, und der Fuchs tänzelte vor Freude. Pinocchio war so voller Stolz, dass er gar nicht misstrauisch wurde. – „Hast du Lust, aus einem Goldstück tausend zu machen?“, fragte der Fuchs, und Pinocchio nickte heftig.

„Dein Vater wird außer sich sein vor Freude über so viel Gold. Du musst das Gold dort vorne auf dem Wunderfeld eingraben, es mit Wasser begießen, und wenn du eine Stunde später wiederkommst, dann steht auf dem Feld ein Baum, an welchem tausend goldene Münzen hängen."

„Ein Wunder!", rief Pinocchio.

„Wir werden uns im Wald ein Plätzchen zum Schlafen suchen, damit du in Ruhe deine Arbeit verrichten kannst", sprach der Fuchs. – „Oh, bleibt doch bei mir", bat Pinocchio, aber Fuchs und Katze verschwanden im Wald. „Nochmals danke!", rief ihnen Pinocchio hinterher. Er vergrub die fünf Goldstücke auf dem Feld und begoss sie mit Quellwasser. Als er nach einer Stunde zurückkam, stand kein Baum an der Stelle, und Pinocchio rieb sich verwundert die Augen.

Wo war der Baum mit den Goldstücken? Ob er etwas falsch gemacht hatte? Er suchte die Stelle im Boden. Doch, oh weh! Alles, was er fand, waren fünf leere Löcher. Die Goldstücke waren verschwunden. In seiner Abwesenheit waren Fuchs und Katze zurückgekommen und hatten das Gold gestohlen. Diese Halunken!

Traurig machte sich Pinocchio auf den Heimweg, doch plötzlich überkam ihn großer Hunger. Als er sich auf dem Feld einige Beeren pflücken wollte, schnappte ein Fangeisen sein Bein, und er konnte nicht mehr entkommen. Kurze Zeit später kam der Bauer und freute sich über seine Beute. „Du bist also der Hühnerdieb!“, rief er freudig, und dann sperrte er den armen Pinocchio in die Hundehütte und ließ ihn alleine. In der Nacht hörte der Holzjunge leise Schritte. Es waren die Marder, die jede Nacht die Hühner und Eier des Bauern holten. Als sie im Hühnerstall waren, schloss Pinocchio schnell die Tür und rief laut nach dem Bauern. Der war sehr glücklich darüber, dass die wahren Räuber gefasst waren, und löste die Kette von Pinocchios Hals. Dann gab er ihm reichlich zu essen, und als Pinocchio satt und gestärkt war, machte er sich auf den Weg nach Hause. Nach langem Wandern kam Pinocchio wieder in das Haus des Holzschnitzers, doch Geppetto war losgezogen, um Pinocchio zu suchen. Da rannte der kleine Holzbub los. Unterwegs traf er auf einen Jungen, der unter einem Torbogen stand. „Was machst du denn hier?“, fragte Pinocchio.

„Ich warte, bis es dunkel wird, dann fahre ich ins Spielzeugland. Komm doch mit! Da werden wir viel Spaß haben.“ Plötzlich kam ein Wagen um die Ecke gefahren, und man konnte die Stimmen von vielen lachenden Jungen hören. Da konnte Pinocchio nicht widerstehen und sprang mit dem anderen Jungen auf den Wagen. Im Spielzeugland gab es alles, was man sich nur wünschen konnte: Spielzeug, Karussells, Süßigkeiten und vieles mehr. Die Jungen genossen es in vollen Zügen.

So vergingen die Wochen wie im Fluge. Plötzlich geschah etwas Seltsames: Den Jungen wuchsen Eselsohren und ein Eselsschwanz! Erschrocken fingen sie an zu weinen. Bald konnten sie auch nicht mehr aufrecht stehen: Sie hatten sich in Esel verwandelt, die nur noch „Iah“ schreien konnten. Dann kam der Kutscher, der sie vor Wochen hierhergefahren hatte, mit einer Peitsche und trieb die Esel in den Stall.
„So“, sprach er zu Pinocchio, „du wirst als Erster verkauft.“

Er brachte ihn in einen Zirkus, wo Pinocchio durch einen Reifen springen musste. Doch schon nach einiger Zeit verletzte er sich am Hinterbein und konnte nicht mehr springen. Da verkaufte der Direktor den Esel an einen Trommler, der aus Eselshaut eine Trommel machen wollte. Er band einen schweren Stein um Pinocchios Hals und stieß ihn die Klippen hinunter, um ihn zu ertränken. Doch der Esel verwandelte sich wieder in die Holzpuppe. Der Trommler erschrak so heftig, dass Pinocchio fliehen konnte und schnell davonschwamm.

„Gerettet!“, dachte Pinocchio und ließ sich von den Wellen schaukeln. Aber plötzlich tauchte vor ihm ein riesiges Ungeheuer auf. Es war Monstro, der Riesenwal. Er kam geradewegs auf ihn zugeschwommen und verschluckte ihn. Als er endlich wieder zu sich kam, befand er sich im Bauch des Wals. Nachdem sich Pinocchios Augen an die Dunkelheit gewöhnt hatten, entdeckte er ein altes Schiffswrack im Inneren des Wals. Er traute seinen Augen kaum: Es war Geppetto, der da an Deck stand! Die Wiedersehensfreude war riesig! Dann überlegten sie gemeinsam, wie sie aus dem Bauch des Wales fliehen konnten. Sie beschlossen, das alte Holz zu verbrennen. Durch den Rauch musste der Riesenwal kräftig niesen. „Hatschi!“, tönte es über die See, und durch die gewaltige Kraft wurden Geppetto und Pinocchio wieder ins Meer geschleudert.

„Wir sind gerettet!“, rief Pinocchio, als er in der Ferne das Ufer sah. Mit letzter Kraft erreichten sie die Küste und fielen vor lauter Erschöpfung in einen tiefen Schlaf. Als Geppetto erwachte, war er allein. Pinocchio war weit und breit nicht zu sehen. Verzweifelt suchte er den Strand ab und fand Pinocchio schließlich kalt und leblos auf einem Felsen. Traurig hob er ihn auf und trug ihn nach Hause. Dort saß er an seinem Bett und weinte bitterlich, denn er hatte kaum mehr Hoffnung.

Plötzlich erstrahlte das ganze Zimmer in hellem Glanz. Geppetto hatte nicht gemerkt, dass eine gute Fee erschienen war, die die beiden einen Augenblick beobachtete. Dann schwang sie ihren Zauberstab, an dessen Ende ein Stern hell leuchtete. Damit deutete sie auf Pinocchio.

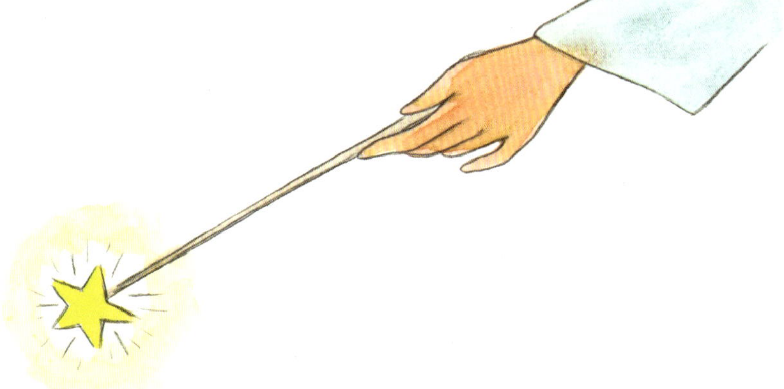

„Du hast es verdient, ein echter Junge zu sein!“, sprach sie und verschwand so lautlos, wie sie gekommen war. Pinocchio öffnete langsam die Augen. „Vater!“, rief er. „Vater, ich bin wach geworden.“ Geppetto nahm die Hände vom Gesicht.

„Pinocchio, du lebst?“, stammelte er.

„Ja, Vater. Hurra, ich lebe!“

Der Alte weinte und lachte zugleich und sagte immer wieder: „Mein lieber Sohn, mein liebes Holzbübchen …“

„Aber Vater, schau mich doch mal richtig an!“, rief Pinocchio lachend. Geppetto riss die müden Augen auf. Träumte er oder war es Wirklichkeit? Vor ihm stand kein Holzbub, sondern ein Junge aus Fleisch und Blut.

„Pinocchio!“, rief Geppetto und nahm seinen Sohn in die Arme.

„Dein Wunsch ist in Erfüllung gegangen.“

„Ja, Vater“, sagte Pinocchio glücklich, „endlich bin ich ein richtiger Junge.“

Peterchens Mondfahrt

nach Gerdt von Bassewitz

Die Geschichte des Sumsemanns

„Sumsemann" hieß der dicke Maikäfer, der im Frühling auf einer Kastanie im Garten von Peterchens Eltern hauste, nicht weit von der großen Wiese mit den vielen Sternblumen entfernt.

Er war verheiratet gewesen, aber seine Frau war nun tot. Ein Huhn hatte sie gefressen, als sie auf dem Hof nach Nahrung suchte.
Es war ein großer Schmerz für Herrn Sumsemann, er weinte viel und ließ seine Beinchen schwarz lackieren.
Die waren früher rot, aber so war es Sitte bei den Maikäfern, dass die Witwer schwarze Beine haben in der Trauerzeit.
Und er, Sumsemann, hielt auf gute Sitte, denn er war der letzte Sohn einer berühmten Familie. Vor vielen Hundert Jahren nämlich, als der Urahn der Familie Sumsemann geheiratet hatte, geschah ein großes Unglück: Frisch vermählt war er mit seiner Frau in den Wald geflogen und hatte sich auf einer Birke niedergelassen. Da kam ein Holzdieb geschlichen, schwang seine Axt und schlug die Birke um, und zwar so heftig, dass er dem Urgroßvater Sumsemanns ein Beinchen abschlug. Fürchterlich war es! – Und sie fielen auf den Rücken und wurden ohnmächtig vor Angst. Nach einiger Zeit aber kamen sie zu sich von einem hellen Schein, der um sie leuchtete.

Da stand eine schöne Frau vor ihnen und sagte: „Der böse Mann ist bestraft. Ich bin die Fee der Nacht und habe alles vom Mond aus gesehen.“ Aber der Urgroßvater Sumsemann sagte: „Wo ist mein sechstes Beinchen?“ Da erschrak die Fee. „Ach“, sagte sie, „es ist wohl an der Birke hängen geblieben und nun mit auf den Mond gekommen.“ Herr Sumsemann und seine Frau weinten schrecklich. Sie wussten, dass nun alle ihre Kinder nur fünf Beinchen haben würden statt sechs, denn das vererbt sich. Als die Fee den Jammer sah, sagte sie: „Ich kann die Strafe für den bösen Mann nicht aufheben, aber ich will erlauben, dass gute Menschen euch das Beinchen wiedergewinnen können. Wenn ihr zwei Kinder findet, die niemals Tiere quälen, dann dürft ihr auf den Mond mit ihnen und das Beinchen wiederholen.“ Da waren die beiden getröstet und flogen heim. Doch die Familie Sumsemann hatte immer Pech. Nachts, wenn sie in die Stuben der Kinder kamen, um sie um Hilfe zu bitten, wurden sie totgeschlagen oder verjagt. Dies war der große Fluch, der auf der Familie lastete. So kam es, dass zuletzt nur noch ein Sumsemann übrig geblieben war; der Witwer, dessen Frau von dem Huhn gefressen wurde.

So war der letzte Sumsemann eines Abends in das Zimmer von Peterchen und Anneliese geraten. Als er seine Geige nahm und lustig fiedelte, wurden die beiden Kinder wach und lauschten.

Sie kletterten aus ihren Betten und stellten sich vor. Plötzlich hatte Peterchen entdeckt, dass dem Maikäfer ein Beinchen fehlte.

So war also wirklich der große Augenblick für den letzten Sumsemann gekommen: Zwei Kinder fragten nach seinem Beinchen.

„Ja, das ist eine traurige Geschichte“, sprach er und begann zu erzählen. Da fasste sich Peterchen ein Herz und sagte, dass er das Beinchen gern mit Anneliese vom Mond herunterholen würde, aber wie sollte er dort hingelangen? Der Sumsemann aber wusste, wenn die Kinder nur wollten, dann konnte er sie sogar das Fliegen lehren. Sie mussten nur die Arme ausbreiten.

„Es ist weit“, sagte der Maikäfer, obgleich der Mond ganz nah aussah. Darum sollten sie lieber Proviant mitnehmen. Anneliese nahm ein Körbchen mit Äpfeln vom Tisch. Aber auch die Puppe und den Hampelmann wollten sie nicht daheimlassen.

Peterchen schnallte sich noch sein kleines Holzschwert um, denn Kämpfe gab es sicher zu bestehen. Dann gingen plötzlich die Wände des Zimmers weit auseinander. Die Sternblumenwiese lag vor ihnen, von Tausenden Glühwürmchen beleuchtet, und sie flogen hinaus … über die Wiese hin, auf den großen, goldgelben Mond zu, der vor ihnen über die Bäume guckte. Die drei flogen so schnell, dass sie beinahe zwei kleine Nachtschmetterlinge übersehen hätten. Ganz anders sahen jetzt die Sterne aus, als wenn man sie nachts vom Garten aus betrachtete. Bald näherten sie sich der Sternwiese. Sie lag mitten im Himmel und war die erste Station auf ihrer großen Fahrt.

Auf der Sternwiese wohnt das Sandmännchen. Es muss den Sternkindern Unterricht im Singen geben und passt auf, dass sie am Tage ordentlich ihre Strahlen putzen. Gerade war das Sandmännchen mit all seinen Arbeiten fertig geworden, als Peterchen und Anneliese mit dem Maikäfer herangeflogen kamen. „Was wollt ihr hier?“, fragte es die drei. Dann erzählte Peterchen die Geschichte, die der Sandmann aber schon vor vielen Jahren gehört hatte. Sollte der Maikäfer nun wirklich zwei Kinder gefunden haben, die ihm helfen konnten? Vorher musste es aber wissen, ob die beiden auch wirklich artig waren. Da rief das Sandmännchen durch sein Sprachrohr: „Die Sternchen von Anneliese und Peterchen sollen mal schnell herunterkommen!“

Schon kamen die lieblich leuchtenden Sterne herab und begrüßten die Kinder aufs Herzlichste. Schnell war dem Sandmann klar, wie brav und artig diese beiden immer waren. Plötzlich kam ihm ein Gedanke. Heute um Mitternacht gab die Nachtfee einen Kaffeeklatsch für die Naturgeister in ihrem Schloss. Er war auch eingeladen, und die Nachtfee war sehr mächtig, viel mächtiger als er, und sie war es auch gewesen, die vor vielen Hundert Jahren den Holzdieb auf den Mondberg verbannt hatte. Sie würde den Kindern sicherlich helfen! Da sauste plötzlich etwas durch die Luft. Ein wunderschöner Schlitten, der von acht Nachtfaltern gezogen wurde, hielt vor den Kindern. Peterchen und Anneliese nahmen im Schlitten Platz, und das Sandmännchen ergriff die Zügel. Los ging die Fahrt über die Sternwiese hin, auf die Milchstraße zu, an deren fernem Ende das Schloss der Nachtfee lag. Noch nie waren die Kinder so schön gefahren.

Jetzt kamen sie an einer Wiese vorbei, auf der sich eine Herde sehr sonderbarer Tiere tummelte. Beinahe sahen sie wie Ziegen aus und beinahe wie kleine Wölkchen mit Beinen. Immerfort huschten sie herum, aber sie bewegten die Beinchen gar nicht dabei. Als ob ein Wind sie durcheinanderwirbelte, sah es aus, und dazu meckerten sie. „Es sind Himmelsziegen“, erklärte der Sandmann, „Sie grasen den Mondspinat ab. Und weiter ging die Fahrt. Sie kamen vorbei an der Weide der Himmelskühe und Mondkälber, die wie große, graue Wolken herumrutschten auf den weißen Wiesen. Dann fuhren sie an einem Trommler vorbei, und als sie aus der Wolke hinausgefahren waren, lag das Schloss der Nachtfee vor ihnen.In einem gewaltigen Saal ihres Schlosses empfing die Nachtfee ihre Gäste zum Mitternachts-Kaffeeklatsch. Die Nachtfee saß auf ihrem Thron, vor ihr die geladenen Gäste:

Der Donnermann, die Wolkenfrau, die Blitzhexe und der Regenfritze, der Wassermann, Frau Holle und die Waldfee und viele andere. Alle Gäste waren nun eingetroffen, nur das Sandmännchen fehlte. Da betrat es auch schon den großen Saal, verneigte sich und erzählte, wer dieser Maikäfer sei und was die Kinder hier wollten. Alle freuten sich und schworen, den Kindern bei ihrem Abenteuer zu helfen. Aber die Reise musste schnell fortgesetzt werden, denn bis zum Mondberg war es noch sehr weit und sie mussten vor dem Morgen wieder in ihren Betten auf der Erde sein, sonst hätten sie nie mehr zurückgefunden. Auf dem Rücken des Großen Bären sollten sie zum Mond hinüberreiten; der konnte nämlich furchtbar schnell laufen. Es war ein riesiges Ungetüm, doch Anneliese konnte ihn mit ihren Äpfeln zähmen.

Alle vier kletterten nun auf den Rücken des Großen Bären. Der Mond war schon ganz nahe, und bald landete der Bär mit einem kühnen Satz auf der Mondoberfläche. Ein bisschen unheimlich sah es dort aus, da waren so finstere Schatten und Steine. Genau an der Stelle, wo der Schatten aufhörte, stand die Mondkanone auf einem kleinen Hügel. Das Sandmännchen nahm nun eine feierliche Miene an. Jetzt kam das große Ereignis, dessentwegen sie die Reise gemacht hatten: Die Begegnung mit dem Mondmann und die Eroberung des Beinchens. Der Sandmann musste nun alle drei, Peterchen, Anneliese und den Maikäfer, auf den Berg zum Mondmann hinaufschießen. „Vorwärts, Sumsemann! Rein in die Kanone!“, rief er, und mit einem gewaltigen Knall schoss er den Maikäfer hinauf. Nun kamen die Kinder an die Reihe, und als sie oben angekommen waren, nahmen sie ihre Sachen und machten sich auf die Suche nach dem Beinchen. Auf dem Mond war alles sonderbar und wunderlich, doch auf dem Gipfel des Mondberges war es am seltsamsten.

Die Kinder sprangen emsig von einem Baum zum anderen und suchten nach der Birke mit dem Beinchen. „Hurra!“, schrie Peterchen plötzlich, „Da hängt das Beinchen, ich sehe es!“ Richtig, in der Mitte eines kleinen, mit Mondstaub überzogenen Platzes stand einsam eine kleine Birke. Im Stamm dieser Birke steckte ein rostiger Nagel, und daran hing an einem roten Band ein einzelnes Maikäferbeinchen totenstill in der dunklen Luft. Hellauf jubelten die Kinder. Selbst den Sumsemann, dem das Maikäferherz beim Anblick dieses unheimlichen Waldes in das unterste Rockschlippchenende gerutscht war, packte die Freude bei der Entdeckung. Er entfaltete die Flügel, fing selig zu brummen an und wollte den Kindern vorausfliegen. Da ereignete sich etwas Unerwartetes: Hinter einem großen Stein, der neben der Birke lag, sprang plötzlich der Mondmann zähnefletschend und brüllend hervor.

Die Kinder bekamen einen riesigen Schreck, als er plötzlich vor ihnen stand. Der Mondmann grinste sie grimmig an und schnüffelte an den Äpfeln, die sie bei sich hatten.

Als Peterchen ihn dann bat, das Beinchen herauszugeben, fauchte er: „Was gibst du mir dafür?“ Anneliese bot ihm die restlichen Äpfel an. Als er sie alle gefressen hatte, schaute er die Kinder mit funkelnden Augen an.

Da fiel sein Blick auf den Hampelmann, und er schnappte ihn und biss ihn mitten durch und schluckte ihn herunter. Dann wollte er auch Annelieses Puppe fressen. Sie hielt sich beide Augen fest zu und weinte schrecklich, als er auch der Puppe den Kopf abbiss. Und schon lief der Mondmann wieder schnüffelnd herum, aber die Kinder hatten nichts mehr zu verschenken. Er zog langsam ein riesenlanges Messer aus seinem Kittel, und dann wollte er sich auf die Kinder stürzen. Da zog Peterchen sein Holzschwert, und in dem Augenblick, als er das Schwert hob, geschah etwas Seltsames: Es wurde pechfinster, und ein Blitz zuckte. Mit himmelerschütterndem Donnerschlag stürzte sich der Donnermann auf den Mondmann, schlug ihm auf den Kopf und in den Bauch, bis der Mondmann am Boden herumkollerte.

Plötzlich ging ein Leuchten vom Himmel nieder, und neben den Kindern standen ihre zwei Sternchen und hoben die Hände gegen den Mondmann. Er war so geblendet vom hellen Licht, dass er die Kinder nicht sehen konnte und diese schnell auf die Birke zuliefen und das Urgroßvater-Beinchen befreien konnten. Es war ein feierlicher Augenblick!

Sie stolzierten mit dem Beinchen zu Herrn Sumsemann, der sich natürlich schon im ersten Augenblick der Begegnung mit dem Mondmann totgestellt hatte. An seinem Körper fanden sie ein kleines Loch für das Beinchen. Sie steckten es hinein, und dann saß es fest. Dann sagte Peterchen: „Herr Sumsemann, sehen Sie sich Ihr Beinchen an!“ Der dicke Käfer fuhr hoch und schien nichts zu begreifen.

Dann sah er sein Bein und war außer sich vor Freude! Aber nun mussten sie sich beeilen, denn die Morgenröte zog schon am Himmel auf. „Mutter Erde, nimm uns wieder auf!“ Die Kinder umfassten sich, und dann öffnete sich der Boden und sie sanken hinab in die Tiefe. Ihnen wurde ganz dunkel vor Augen, und sie konnten nichts sehen. Plötzlich aber hörten sie das Zwitschern eines Vogels, und sie wagten es, die Augen zu öffnen – Anneliese und Peterchen saßen auf dem Tisch in ihrem Kinderzimmer. Da begannen sie den Sumsemann zu suchen, sie zogen Gardinen auf und zu und – schwirr – da flog er auf das Fensterbrett. Und wirklich, der Sumsemann hatte sechs Beinchen! Sie machten das Fenster weit auf, und der Maikäfer flog in den Morgen. „Kommen Sie gut nach Hause, Herr Sumsemann!“, riefen sie ihm hinterher.

Der Struwwelpeter

von Dr. Heinrich Hoffmann

Sieh einmal, hier steht er,
pfui! Der Struwwelpeter!
An den Händen beiden
ließ er sich nicht schneiden
seine Nägel fast ein Jahr;
kämmen ließ er nicht sein Haar.
„Pfui!“, ruft da ein jeder,
„Garst’ger Struwwelpeter!“

Die Geschichte vom bösen Friedrich

Der Friederich, der Friederich,
das war ein arger Wüterich!
Er fing die Fliegen in dem Haus
und riss ihnen die Flügel aus.
Er schlug die Stühl' und Vögel tot,
die Katzen litten große Not.
Und höre nur, wie bös er war:
Er peitschte seine Gretchen gar!

Am Brunnen stand ein großer Hund,
trank Wasser dort mit seinem Mund.
Da mit der Peitsch' herzu sich schlich
der bitterböse Friederich
und schlug den Hund, der heulte sehr,
und trat und schlug ihn immer mehr.

Da biss der Hund ihn in das Bein,
recht tief bis in das Blut hinein.
Der bitterböse Friederich,
der schrie und weinte bitterlich.
Jedoch nach Hause lief der Hund
und trug die Peitsche in dem Mund.

Ins Bett muss Friedrich nun hinein,
litt vielen Schmerz an seinem Bein;
und der Herr Doktor sitzt dabei
und gibt ihm bitt're Arzenei.

Der Hund an Friedrichs Tischchen saß,
wo er den großen Kuchen aß;
aß auch die gute Leberwurst
und trank den Wein für seinen Durst.
Die Peitsche hat er mitgebracht
und nimmt sie sorglich sehr in Acht.

Die gar traurige Geschichte mit dem Feuerzeug

Paulinchen war allein zu Haus,
die Eltern waren beide aus.
Als sie nun durch das Zimmer sprang
mit leichtem Mut und Sing und Sang,
da sah sie plötzlich vor sich stehn
ein Feuerzeug, nett anzusehn.
„Ei“, sprach sie, „ei, wie schön und fein!
Das muss ein trefflich Spielzeug sein.
Ich zünde mir ein Hölzchen an,
wie's oft die Mutter hat getan.“

Und Minz und Maunz, die Katzen,
erheben ihre Tatzen.
Sie drohen mit den Pfoten:
„Der Vater hat's verboten!
Miau! Mio! Miau! Mio!
Lass stehn! Sonst brennst du lichterloh!“

Paulinchen hört die Katzen nicht!
Das Hölzchen brennt gar hell und licht,
das flackert lustig, knistert laut,
grad wie ihr's auf dem Bilde schaut.
Paulinchen aber freut sich sehr
und sprang im Zimmer hin und her.

Doch Minz und Maunz, die Katzen,
erheben ihre Tatzen.
Sie drohen mit den Pfoten:
„Die Mutter hat's verboten!
Miau! Mio! Miau! Mio!
Wirf's weg! Sonst brennst du lichterloh!“

Doch, weh! Die Flamme fasst das Kleid,
die Schürze brennt; es leuchtet weit.
Es brennt die Hand, es brennt das Haar,
es brennt das ganze Kind sogar.

Und Minz und Maunz, die schreien
gar jämmerlich zu zweien:
„Herbei! Herbei! Wer hilft geschwind?
Im Feuer steht das ganze Kind!
Miau! Mio! Miau! Mio!
Zu Hilf'! Das Kind brennt lichterloh!“

Verbrannt ist alles ganz und gar,
das arme Kind mit Haut und Haar;
ein Häuflein Asche bleibt allein
und beide Schuh', so hübsch und fein.

Und Minz und Maunz, die Kleinen,
die sitzen da und weinen:
„Miau! Mio! Miau! Mio!
Wo sind die armen Eltern? Wo?“
Und ihre Tränen fließen
wie 's Bächlein auf den Wiesen.

Die Geschichte von den schwarzen Buben

Es ging spazieren vor dem Tor
ein kohlpechrabenschwarzer Mohr.
Die Sonne schien ihm aufs Gehirn,
da nahm er seinen Sonnenschirm.

Da kam der Ludwig hergerannt
und trug sein Fähnchen in der Hand.
Der Kaspar kam mit schnellem Schritt
und brachte seine Brezel mit.

Und auch der Wilhelm war nicht steif
und brachte seinen runden Reif.
Die schrien und lachten alle drei,
als dort das Mohrchen ging vorbei,
weil es so schwarz wie Tinte sei!

Da kam der große Nikolas
mit seinem großen Tintenfass.
Der sprach: „Ihr Kinder, hört mir zu,
und lasst den Mohren hübsch in Ruh!

Was kann denn dieser Mohr dafür,
dass er so weiß nicht ist wie ihr?“
Die Buben aber folgten nicht
und lachten ihm ins Angesicht
und lachten ärger als zuvor
über den armen, schwarzen Mohr.

Der Niklas wurde bös und wild,
du siehst es hier auf diesem Bild!
Er packte gleich die Buben fest
beim Arm, beim Kopf, bei Rock und West',
den Wilhelm und den Ludewig,
den Kaspar auch, der wehrte sich.
Er tunkt sie in die Tinte tief,
wie auch der Kaspar „Feuer!“ rief.
Bis übern Kopf ins Tintenfass
tunkt sie der große Nikolas.

Du siehst sie hier, wie schwarz sie sind,
viel schwärzer als das Mohrenkind!
Der Mohr voraus im Sonnenschein,
die Tintenbuben hintendrein;
und hätten sie nicht so gelacht,
hätt' Niklas sie nicht schwarz gemacht.

Die Geschichte vom wilden Jäger

Es zog der wilde Jägersmann
sein grasgrün neues Röcklein an;
nahm Ranzen, Pulverhorn und Flint
und lief hinaus ins Feld geschwind.
Er trug die Brille auf der Nas
und wollte schießen tot den Has.
Das Häschen sitzt im Blätterhaus
und lacht den wilden Jäger aus.
Jetzt schien die Sonne gar zu sehr,
da ward ihm sein Gewehr zu schwer.
Er legte sich ins grüne Gras;
das alles sah der kleine Has.
Und als der Jäger schnarcht und schlief
der Has ganz heimlich zu ihm lief
und nahm die Flint und auch die Brill
und schlich davon ganz leis und still.

Die Brille hat das Häschen jetzt
sich selber auf die Nas gesetzt;
und schießen will's aus dem Gewehr,
der Jäger aber fürcht sich sehr.

Er läuft davon und springt und schreit:
„Zu Hilf, ihr Leut, zu Hilf, ihr Leut!"

Da kommt der wilde Jägersmann
zuletzt beim tiefen Brünnchen an
er springt hinein. Die Not war groß;
es schießt der Has die Flinte los.

Des Jägers Frau am Fenster saß
und trank aus ihrer Kaffeetass.
Die schoss das Häschen ganz entzwei;
da rief die Frau: „Oh wei! Oh wei!"

Doch bei dem Brünnchen heimlich saß
des Häschens Kind, der kleine Has.

Der hockte da im grünen Gras;
dem floss der Kaffee auf die Nas.
Er schrie: „Wer hat mich da verbrannt?",
und hielt den Löffel in der Hand.

Die Geschichte vom Daumenlutscher

„Konrad!“, sprach die Frau Mama,
„Ich geh aus und du bleibst da.
Sei hübsch ordentlich und fromm,
bis nach Haus ich wiederkomm.
Und vor allem, Konrad, hör!
Lutsche nicht am Daumen mehr;
denn der Schneider mit der Scher
kommt sonst ganz geschwind daher,
und die Daumen schneidet er
ab, als ob Papier es wär.“

Fort geht nun die Mutter und –
wupp! – den Daumen in den Mund.

Bauz! Da geht die Türe auf,
und herein in schnellem Lauf
springt der Schneider in die Stub'
zu dem Daumenlutscher-Bub.

Weh! Jetzt geht es klipp und klapp
mit der Scher die Daumen ab,
mit der großen, scharfen Scher!
Hei! Da schreit der Konrad sehr.

Als die Mutter kommt nach Haus,
sieht der Konrad traurig aus.
Ohne Daumen steht er dort,
die sind alle beide fort.

Die Geschichte vom Suppen-Kaspar

Der Kaspar, der war kerngesund,
ein dicker Bub und kugelrund,
er hatte Backen rot und frisch;
die Suppe aß er hübsch bei Tisch.
Doch einmal fing er an zu schrein:
„Ich esse keine Suppe! Nein!
Ich esse meine Suppe nicht!
Nein, meine Suppe ess ich nicht!“

Am nächsten Tag – ja, sieh nur her! –,
da war er schon viel magerer.
Da fing er wieder an zu schrein:
„Ich esse keine Suppe! Nein!
Ich esse meine Suppe nicht!
Nein, meine Suppe ess ich nicht!“

Am dritten Tag, oh weh und ach!
Wie ist der Kaspar dünn und schwach!
Doch als die Suppe kam herein,
gleich fing er wieder an zu schrein:
„Ich esse keine Suppe! Nein!
Ich esse meine Suppe nicht!
Nein, meine Suppe ess ich nicht!“

Am vierten Tage endlich gar
der Kaspar wie ein Fädchen war.
Er wog vielleicht ein halbes Lot –
und war am fünften Tage tot.

Die Geschichte vom Zappel-Philipp

„Ob der Philipp heute still
wohl bei Tische sitzen will?“
Also sprach in ernstem Ton
der Papa zu seinem Sohn,
und die Mutter blickte stumm
auf dem ganzen Tisch herum.

Doch der Philipp hörte nicht,
was zu ihm der Vater spricht.
Er gaukelt
und schaukelt,
er trappelt
und zappelt
auf dem Stuhle hin und her.
„Philipp, das missfällt mir sehr!“

Seht, ihr lieben Kinder, seht,
wie's dem Philipp weiter geht!
Oben steht es auf dem Bild.
Seht! Er schaukelt gar zu wild,
bis der Stuhl nach hinten fällt;
da ist nichts mehr, was ihn hält;
nach dem Tischtuch greift er, schreit.
Doch was hilft's? Zu gleicher Zeit
fallen Teller, Flasch' und Brot.
Vater ist in großer Not,
und die Mutter blicket stumm
auf dem ganzen Tisch herum.

Nun ist Philipp ganz versteckt,
und der Tisch ist abgedeckt.
Was der Vater essen wollt',
unten auf der Erde rollt;
Suppe, Brot und alle Bissen,
alles ist herabgerissen;
Suppenschüssel ist entzwei,
und die Eltern stehn dabei.
Beide sind gar zornig sehr,
haben nichts zu essen mehr.

Die Geschichte vom Hans Guck-in-die-Luft

Wenn der Hans zur Schule ging,
stets sein Blick am Himmel hing.
Nach den Dächern, Wolken, Schwalben
schaut er aufwärts allenthalben.
Vor die eig'nen Füße dicht,
ja, da sah der Bursche nicht,
also dass ein jeder ruft:
„Seht den Hans Guck-in-die-Luft!"

Kam ein Hund dahergerannt;
Hänslein blickte unverwandt
in die Luft.
Niemand ruft:
„Hans! Gib acht, der Hund ist nah!"
Was geschah?
Bauz! Perdauz! – Da liegen zwei!
Hund und Hänschen nebenbei.

Einst ging er an Ufers Rand
mit der Mappe in der Hand.
Nach dem blauen Himmel hoch
sah er, wo die Schwalbe flog,
also dass er kerzengrad
immer mehr zu Flusse trat.

Und die Fischlein in der Reih
sind erstaunt sehr, alle drei.
Noch ein Schritt! Und plumps!
Der Hans
stürzt hinab kopfüber ganz!
Die drei Fischlein sehr erschreckt
haben sich sogleich versteckt.

Doch zum Glück da kommen zwei
Männer aus der Näh herbei,
und die haben ihn mit Stangen
aus dem Wasser aufgefangen.

Seht! Nun steht er triefend nass!
Ei! Das ist ein schlechter Spaß!
Wasser läuft dem armen Wicht
aus den Haaren ins Gesicht,
aus den Kleidern, von den Armen;
und es friert ihn zum Erbarmen.

Doch die Fischlein alle drei
schwimmen hurtig gleich herbei;
strecken 's Köpflein aus der Flut,
lachen, dass man's hören tut,
lachen fort noch lange Zeit;
und die Mappe schwimmt schon weit.

Die Geschichte vom fliegenden Robert

Wenn der Regen niederbraust,
wenn der Sturm das Feld durchsaust,
bleiben Mädchen oder Buben
hübsch daheim in ihren Stuben.
Robert aber dachte: Nein!
Das muss draußen herrlich sein!
Und im Felde patschet er
mit dem Regenschirm umher.

Hui, wie pfeift der Sturm und keucht,
dass der Baum sich niederbeugt!
Seht! Den Schirm erfasst der Wind,
und der Robert fliegt geschwind
durch die Luft so hoch, so weit;
niemand hört ihn, wenn er schreit.
An die Wolken stößt er schon,
und der Hut fliegt auch davon.

Schirm und Robert fliegen dort
durch die Wolken immerfort.
Und der Hut fliegt weit voran,
stößt zuletzt am Himmel an.
Wo der Wind sie hingetragen,
ja, das weiß kein Mensch zu sagen.

Zum Geleit

Wenn die Kinder artig sind,
kommt zu ihnen das Christkind;
wenn sie ihre Suppe essen
und das Brot auch nicht vergessen,
wenn sie, ohne Lärm zu machen,
still sind bei den Siebensachen,
beim Spaziergehn auf den Gassen
von Mama sich führen lassen,
bringt es ihnen Gut's genug
und ein schönes Bilderbuch.

Till Eulenspiegel

Till Eulenspiegel war schon als Kind ein Schalk und hielt die Leute im Dorf zum Narren. Eines Tages spannte er ein Seil über den Fluss und balancierte hinüber. Als seine Mutter ihn aber sah, wurde sie böse, schnitt das Seil durch, und er fiel in den Fluss. Da lachten die Leute und machten sich über ihn lustig. Kurze Zeit danach wollte sich Eulenspiegel für den Spott rächen. So spannte er das Seil von einem zum anderen Haus und ließ die Leute in dem Glauben, er wolle wieder darauf gehen. Das Volk lief auch bald zusammen, Junge wie Alte, und Eulenspiegel sagte den Jungen, ein jeder solle ihm den linken Schuh geben. Er werde damit ein hübsches Kunststück auf dem Seil zeigen. Die Jungen und Alten glaubten, er spreche die Wahrheit. Es waren beinahe zwei Schock Junge, das sind zweimal sechzig, versammelt. Die zogen nun alle ihren linken Schuh aus und gaben ihn Eulenspiegel.

Als er die Schuhe eingesammelt hatte, zog er sie auf eine Schnur und stieg auf das Seil. Als er oben war, schauten alle zu ihm hinauf und erwarteten ein Kunststückchen, doch Eulenspiegel saß auf dem Seil und trieb ein arglistiges Spiel. Er rief von oben: „Aufgepasst, jeder suche seinen Schuh!" Damit schnitt er die Schnur entzwei und warf die Schuhe hinunter, sodass sie tüchtig durcheinanderpurzelten. Da stürzten die Leute herbei, und einer erwischte hier einen Schuh, der nächste dort. Der eine sprach: „Das ist mein Schuh." Der andere aber sagte: „Du lügst, er gehört mir." Und so fielen sie übereinander her und prügelten sich. Eulenspiegel aber lachte und rief: „He, jetzt müsst ihr eure Schuhe suchen!" Dann kletterte er das Seil hinunter und ließ die streitenden Leute allein.

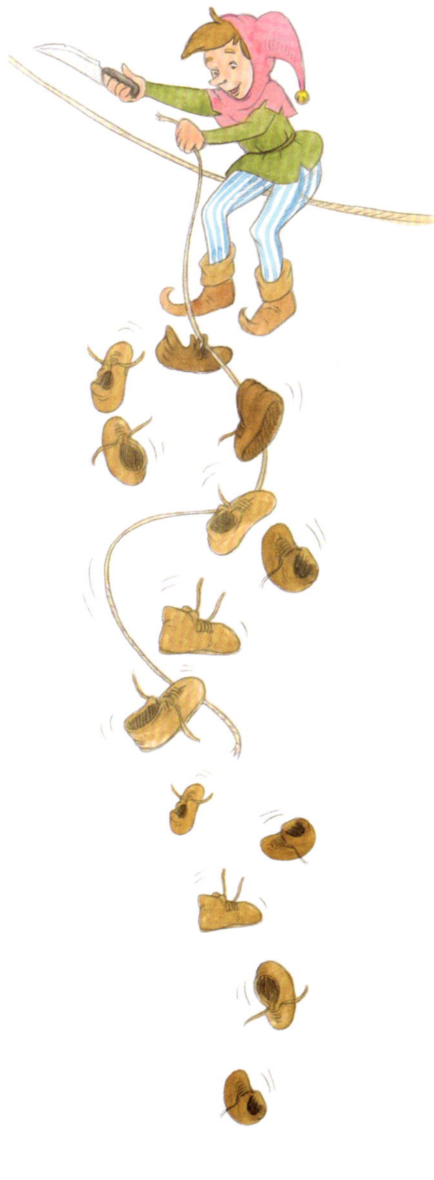

Danach ging Eulenspiegel nach Magdeburg. Dort trieb er so viel Unfug, dass sein Name bald in aller Munde war. Daraufhin baten ihn die vornehmsten Bürger der Stadt, er möge einmal etwas zum Besten geben. Eulenspiegel sagte, er werde vom Rathauserker herabfliegen. Darauf gab es in der ganzen Stadt große Aufregung, und Jung und Alt versammelte sich alsbald auf dem Marktplatz, um Eulenspiegel zuzuschauen.

Der stand auf dem Dach des Rathauserkers, schwenkte die Arme und gebärdete sich, als werde er gleich hinunterfliegen. Die Leute gafften und sperrten Mund und Augen auf, denn sie glaubten, er würde wirklich fliegen.

Da lachte Eulenspiegel und sprach: „Ich meinte immer, ich wäre der einzige Tor und Narr dieser Welt. Nun sehe ich, dass bald die ganze Stadt voll Toren ist. Doch wenn ihr mir auch alle zu fliegen versprächet, ich glaubte euch nicht. Ihr aber habt mir geglaubt, ihr Narren! Wie könnte ich fliegen! Ich bin doch weder Gans noch Vogel, und Fittiche habe ich auch nicht. Ohne Fittiche und Federn aber kann niemand fliegen. Nun müsst ihr einsehen, dass alles Lüge war.“ Er stieg vom Erker und ließ das Volk stehen. Da gab es Leute, die schimpften auf Eulenspiegel, doch andere lachten: „Welch ein Schalksnarr, aber er hat recht.“

Eulenspiegel war erfinderisch, wenn er sich Streiche ausdachte. Als er in Nürnberg angekommen war, dachte er sich ein neues Bubenstück aus. Er hatte gesehen, dass die Wächter in voller Rüstung in einem großen, hölzernen Verschlag unter dem Rathaus schliefen. Er kannte inzwischen Weg und Steg in Nürnberg und ganz besonders gut ein Brückchen zwischen Schweinemarkt und den Wohnhäusern. Dort ging man nachts besser nicht spazieren, denn so manches brave Mädchen, das nur Wein holen wollte, war schon am Brückchen angerempelt worden. Eulenspiegel wartete, bis die Nürnberger schliefen und alles ganz still war. Dann brach er aus dem Steg drei Bohlen heraus und warf sie in den Fluss. Darauf lief er zum Rathaus und begann, zu fluchen und mit einem alten Messer aufs Pflaster zu schlagen, dass die Funken stoben.

Die Wächter hörten den Lärm und waren gleich auf den Beinen. Die Männer waren ihm dicht auf den Fersen, aber er erreichte mit Not als Erster den Steg, dessen Bohlen er zuvor ins Wasser geworfen hatte, und mit einiger Vorsicht kam er heil hinüber. Als er drüben war, rief er laut: „Hoho, wo bleibt ihr denn, verzagte Bösewichter?“ Eilig und ohne Böses zu ahnen, liefen sie hinter Eulenspiegel her, aber einer nach dem anderen stürzte ins Wasser. Obendrein waren die Spalten so eng, dass sich die Männer auch noch die Gesichter zerschunden. Eulenspiegel aber rief: „Hoho, lauft ihr immer noch nicht? Morgen werdet ihr mir mehr hinterherlaufen. Für euer Bad wäre doch morgen früh Zeit gewesen. Und hättet ihr mich halb so eilig verfolgt, ihr wäret immer noch rechtzeitig gekommen.“ Der erste Wächter hatte ein Bein gebrochen, der zweite einen Arm und der dritte hatte ein Loch im Kopf. So war keiner ohne Schaden davongekommen.

Eulenspiegel zog weiter nach Erfurt. Dort gab es eine große Universität und die Kollegiaten hatten schon viel von seinen Streichen gehört. Sie beschlossen, Eulenspiegel einen Esel in die Lehre zu geben. Sie ließen Eulenspiegel kommen und sprachen: „Ihr habt in Euren gelehrten Briefen angekündigt, Ihr könntet jedweder Kreatur binnen kurzer Zeit das Lesen und Schreiben lehren.
Und deshalb möchten Euch die Herren von der Universität einen jungen Esel in die Lehre geben. Traut Ihr Euch zu, das Tier im Lesen und Schreiben zu unterweisen?"
Eulenspiegel sagte zu, aber man müsse ihm Zeit lassen, denn der Esel wäre keine redegewandte, sondern eine unvernünftige Kreatur. So gaben sie ihm eine Frist von zwei Jahren und boten ihm für den Unterricht fünfhundert Taler an. Einen Teil davon wollte man ihm als Handgeld in Gold auszahlen.
Da nahm Eulenspiegel an, und er zog mit dem Esel in die Herberge „Zum Turm", die zu jener Zeit einen seltsamen Wirt hatte.

Er bestellte einen Stall, in dem sein Schüler ganz alleine stehen konnte, und besorgte einen alten Psalter. Den legte er dem Esel in die Krippe. Vorher hatte er zwischen alle Blätter Haferkörner getan. Der Esel merkte das und schlug die Seiten mit dem Maul um, damit er an den Hafer kam. Fand er kein Futter mehr, so schrie er: „Iaahh, Iaaah!“

Als Eulenspiegel das sah, ging er zum Rektor und sprach: „Ich habe den Esel, so gut es ging, unterrichtet, er ist ein fleißiges Tier, und er erkennt einige Vokale, die er auch benennen kann.“ Da kam der Rektor mit in den Stall und wollte sich das selber anhören. Der brave Esel aber hatte an diesem Tage bis drei Uhr nachmittags fasten müssen. Als nun der Rektor und einige Magister kamen, legte Eulenspiegel dem Tier ein neues Buch vor. Gleich fing der Esel an, die Blätter umzuschlagen, denn er suchte seinen Hafer. Weil er aber keinen fand, schrie er laut: „Iaaahh! Iaaahh!“ Da sprach Eulenspiegel: „Seht Ihr, lieber Herr, die beiden Vokale I und A kann er schon. Und ich hoffe, er lernt noch weitere!“ Da erhielt Eulenspiegel sein Geld, nahm Abschied vom Esel und zog weiter.

Als Nächstes wanderte Eulenspiegel nach Braunschweig. Dort sprach er bei einem Gerber vor, der den Schuhmachern Leder bereitete. Und da es Winter war, dachte Eulenspiegel: „Solange es kalt ist, will ich es bei dem Gerber aushalten“, und er verdingte sich als Knecht. Nach acht Tagen traf es sich, dass der Meister auswärts zum Essen eingeladen war und Eulenspiegel alleine Leder gerben musste.

Der Meister sprach zu ihm: „Siede diesen ganzen Zuber Leder gar.“ Eulenspiegel entgegnete: „Ja, aber was für Holz soll ich nehmen?“ Der Gerber sagte: „Was fragst du so töricht? Und selbst wenn auf dem Stapel draußen kein Scheit mehr wäre, gäbe es im Hause noch genügend Stühle und Bänke, um das ganze Leder gar zu kochen.“ Eulenspiegel sagte, ja, es wäre schon recht so, und der Meister ging zum Festmahl. Sein Knecht hängte den Siedekessel an den Haken über der Feuerstelle und sott darin die Tierhäute so weich, dass sie unter den Fingern zerfielen. Während des Garens zerhieb er im ganzen Hause Stühle und Bänke, und die Scheite steckte er unter den Kessel, sodass die Häute noch heftiger kochten. Als er fertig war, zog er die Lederstücke aus dem Kessel und legte sie auf den Hof.

Dann verließ er Haus und Hof und wanderte von dannen. Der Gerber aber dachte nicht mehr an die Häute. Er trank den ganzen Tag über und legte sich am Abend berauscht zu Bett. Doch am nächsten Morgen wollte er gleich nachschauen, ob der Knecht das Leder auch ordentlich zubereitet hatte. Er stand auf, ging ins Gerberhäuschen und fand dort die viel zu weich gesottenen Häute. Obendrein waren alle Stühle und Bänke aus Haus und Hof verschwunden. Den Meister packte die Verzweiflung.

Er lief zu seiner Frau in die Schlafkammer und sprach: „Frau, schau dir das Unheil an. Ich möchte fast meinen, unser neuer Knecht war Eulenspiegel, denn dieser Schalk pflegt alles genau so zu machen, wie man es ihm aufträgt. Er ist fortgelaufen und hat unsere Stühle und Bänke zerhackt und ins Feuer gesteckt. Und auf dem Feuer hat er alle Häute zu weich gesotten und verdorben.“ Die Frau begann zu weinen und sprach: „Lauf ihm nach, so schnell du kannst, und hole ihn zurück.“ Doch der Gerber sagte: „Nein, den Gesellen will ich nicht wiederhaben. Er soll nur fortbleiben!“

Eulenspiegel war um einen neuen Streich nie verlegen. Das bewies er zur Fastnacht den Kürschnern in Leipzig. Die Meister wollten am Fastnachtsabend ein Festgelage abhalten und hätten dazu gern ein Wildbret gehabt. Eulenspiegel dachte: „Der Kürschner in Berlin hat dich für deine Arbeit nicht bezahlt. Das sollen die Leipziger Kürschner wiedergutmachen." Er ging in die Herberge und steckte sich die schöne, feiste Katze des Wirts unter den Rock. Dann bat er den Koch um ein Hasenfell, denn das brauchte er für seine Büberei. Eulenspiegel bekam das Fell und nähte die Katze darin ein. Dann zog er sich Bauernkleider an, stellte sich vors Rathaus und hielt sein Wildbret so lange unter dem Rock verborgen, bis einer der Kürschner vorüberkam. Da fragte Eulenspiegel den Meister, ob er nicht einen guten Hasen kaufen wolle, und er ließ ihn das Tier unter der Joppe ein wenig sehen. Sie wurden handelseinig, und Eulenspiegel bekam vier Silbergroschen für den Hasen. Der Kürschner trug den Sack in das Zünftehaus, in dem sich die Meister schon unter großem Lärm und Gelächter versammelt hatten.

Er erzählte, dass er den schönsten Hasen gekauft habe, der ihm im ganzen Jahr unter die Augen gekommen sei, und alle miteinander betasteten den Sack. Bis zum Anrichten des Bratens sollte der Hase noch zur Kurzweil der Kürschner in einem Grasgärtchen umherlaufen und von

jungen Hunden gejagt werden. Sie holten die Hunde und ließen den Hasen aus dem Sack, aber als der nicht entkommen konnte, sprang er auf einen Baum, schrie Miau und versuchte, nach Hause zu laufen. Die Kürschner merkten, dass man sie gefoppt hatte, und riefen: „Kommt, wir bestrafen den Burschen, der uns mit der Katze genarrt hat."

Doch Eulenspiegel hatte schon seine Bauernkleider abgelegt und sein Äußeres so verändert, dass sie ihn nicht erkannten. Er zog weiter seines Weges, legte noch viele andere Menschen mit seinen Streichen herein und wurde im ganzen Land berühmt …

Heidi

nach Johanna Spyri

Das Waisenkind Heidi ist fünf Jahre alt.
Bisher hat sie immer bei ihrer Tante Dete gelebt, doch die zieht nun nach Frankfurt, um dort zu arbeiten. Deshalb soll Heidi zu ihrem Großvater reisen und bei ihm bleiben. Heidi hat Angst, denn sie ist noch nie so weit gereist, und ihren Großvater hat sie auch noch nie gesehen. Der Großvater lebt allein in einer Hütte in den Schweizer Alpen. Von den Leuten im Dorf wird er auch Alm-Öhi genannt.
Schon früh am Morgen brechen Tante Dete und Heidi auf.
Der Großvater erwartet sie vor der Tür.

Heidi will auf ihn zulaufen, aber seine Größe, die grauen Haare und der dichte Bart schüchtern sie ein. „So, so“, begrüßt er das kleine Mädchen und schaut sie streng an, „du bist also die Heidi!“ Tante Dete fährt fort und lässt die kleine Heidi allein bei ihrem Großvater zurück. Nachts liegt Heidi weinend in ihrem Strohbett und hört das Rauschen der gewaltigen Tannenbäume hinter der Holzhütte.
Wird sie hier auf der Alm glücklich werden?
Wird ihr Großvater sie jemals lieb haben?

Am nächsten Morgen wird Heidi vom Meckern der Ziegen geweckt. Schnell hat sie sich angezogen und läuft nach draußen. Die Sonne strahlt warm vom blauen Himmel, die Wiesenblumen duften und die Ziegen hüpfen um Heidi herum. Da kommt auch schon der Geißen-Peter mit seiner Herde den Berg herauf. Peter winkt Heidi fröhlich zu.

„Ich bin der Peter, der Geißen-Peter, ich hüte die Geißen aus dem Dörfli. Und wer bist du?“, fragt er neugierig. Heidi ist gar nicht schüchtern und sagt: „Ich bin die Heidi und wohne jetzt beim Großvater auf der Alm.“

Peter ist sehr nett zu ihr, er stellt ihr seine Geißen vor, die er alle beim Namen kennt.

Die beiden fragen den Großvater, ob Heidi mit Peter den Tag über ein Stück weiter den Berg hinauf auf die Almen gehen darf. Der Alm-Öhi erlaubt es. Die Kinder verabschieden sich und ziehen mit den Ziegen den Berg hinauf.

Peter passt auf, dass sich kein Tier verläuft und nicht zur Herde zurückfindet. Er kann auf die vielen Fragen von Heidi antworten, er weiß fast alles über die Berge und die Pflanzen, über die Ziegen und die Tiere, die in den Bergen leben. Bald schon begleitet Heidi den Geißen-Peter täglich, und die beiden erleben viele schöne und glückliche Tage. Vor allem das Ziegenhüten mag sie gern. Nach dem Melken setzen sich die Kinder ins Gras, als Heidi plötzlich „Peter! Da!" schreit. Eine Ziege ist den steilen Hügel hinaufgeklettert und droht abzustürzen. Peter rennt ihr schnell nach, denn es wäre ein großer Verlust für den Besitzer, wenn dem Tier etwas zustoßen würde. Er kann die Ziege gerade noch am Bein packen und sie wieder in die Herde zurückführen. Dann ist es spät, und die zwei gehen müde nach Hause.

Eines Tages kommt ein Brief von Tante Dete aus Frankfurt. Sie schreibt, dass sie Heidi bald wieder abholen will. Nachdem der Großvater den Brief gelesen hat, schmeißt er ihn wütend ins Feuer. Nein, er wird Heidi nicht mehr gehen lassen! Heidi wird bei ihm bleiben!

Einige Tage später erscheint Tante Dete vor Großvaters Hütte. „Ich bin gekommen, um Heidi zu holen“, sagt sie. – „Kommt nicht infrage!“, knurrt der Großvater böse. – „Aber das ist doch kein Leben hier oben für ein kleines Kind, allein mit einem alten Mann! Heidi braucht eine Erziehung, und in Frankfurt gibt es eine reiche und angesehene Familie. Herr Sesemann ist Witwer und hat eine kleine Tochter mit Namen Clara. Clara ist krank, sie muss im Rollstuhl sitzen. Ihr würde die Freundschaft mit Heidi bestimmt guttun!“, erwidert Tante Dete.

Als Heidi erfährt, dass die Tante sie mitnehmen will, fängt sie an zu weinen. Schließlich aber packt sie ihre Sachen und macht sich mit Tante Dete auf den Weg. Es ist eine lange Fahrt zwischen den Bergen hindurch, an Flüssen entlang und durch immer andere, neue Städte.

Spät am Abend erreichen sie Frankfurt.

Heidi ist überwältigt von den großen Häusern und breiten Straßen, von den vielen Menschen und dem Verkehr auf der Straße. Aber noch mehr staunt sie, als sie zu Herrn Sesemanns Haus kommt. Es ist hoch und breit und hat mehrere Stockwerke. Fräulein Rottenmeier, eine ältere Dame, empfängt sie mit einem strengen Blick. Da Clara keine Mutter mehr hat, führt sie den Haushalt und kümmert sich um Claras Erziehung.

Clara wird von dem Diener Johann mit einem Rollstuhl ins Zimmer gefahren. Verlegen schauen sich die beiden Mädchen an. Dann geht Heidi auf Clara zu und gibt ihr freundlich die Hand. „Grüß Gott, ich bin die Heidi", sagt sie. „Guten Tag", erwidert Clara. „Wir werden bestimmt bald Freundinnen werden." – Um Himmels willen! Bloß das nicht!, denkt Fräulein Rottenmeier.

Clara war immer einsam und allein in dem großen Haus gewesen. Deshalb hat ihr Vater ihr einen Vogel im Käfig geschenkt. Doch Heidi gefällt es gar nicht, dass der Vogel eingesperrt ist. In einem unbeobachteten Augenblick öffnet sie heimlich die Käfigtür. Als Clara das bemerkt, fängt sie laut an zu weinen.
Das hört Fräulein Rottenmeier und schimpft mit Heidi: „Was hast du nur angestellt!“ Zur Überraschung aller und zu Claras Freude fliegt ihr der Vogel am nächsten Tag wieder zu. Da ist Heidi sehr froh, denn sie mag es gar nicht, wenn ihre neue Freundin Clara traurig ist.
Clara und Heidi werden gute Freundinnen, aber Heidi fühlt sich gar nicht wohl in der Stadt und hat Heimweh nach den Bergen. Eines Tages schenkt ihr der Küster aus der Kirche sieben Katzenbabys. Sie nimmt sie mit nach Hause, um Clara eine Freude zu machen. „Clara!“, ruft sie laut, reißt die Zimmertür auf und stellt den Korb mit den Kätzchen auf den Boden. Sofort hüpfen sie heraus und springen auf Stühle, kratzen an den Polstern und hängen sich in die Vorhänge. Da steht Fräulein Rottenmeier in der Tür. Sie fällt fast in Ohnmacht. „Tiere!“, schreit sie entsetzt. „Hinaus damit, auf der Stelle!“ Heidi versteckt die Katzen auf dem Dachboden. Bis auf eine verschenken sie die Katzen an gute Freunde der Familie.
Die beiden Mädchen verbringen schöne Tage zusammen, manchmal kommt Herr Sesemann, und dann spielen sie zu dritt, oder die Großmutter von Clara kommt zu Besuch.

Nur Fräulein Rottenmeier mag Heidi nicht. Auch wenn die Tage schnell vergehen, so sehnt sich Heidi doch sehr nach ihren geliebten Bergen!

Als Herr Sesemann bemerkt, dass Heidi nachts schlafwandelt, ruft er den Hausarzt. Dieser macht ein ernstes Gesicht: „Die kleine Heidi ist krank, ihre Seele ist traurig, weil sie sich in Frankfurt nicht wohlfühlt. Sie möchte zurück in die Berge, deshalb will sie im Schlaf davonlaufen!" Dann sagt er Heidi, dass sie wieder nach Hause darf. Clara ist darüber sehr traurig, denn dann ist sie wieder ganz allein. Da schlägt Herr Sesemann vor, dass Clara ihre Freundin im nächsten Frühjahr besuchen soll. Die Mädchen freuen sich, und für Clara ist es ein kleiner Trost. Der Abschied fällt den Mädchen schwer, aber Heidi ist bereits voller Vorfreude auf die Berge, den Alm-Öhi und Peter. Die Zugfahrt will kein Ende nehmen, und Heidi hält es kaum noch auf ihrem Sitz aus.

Endlich steht Heidi vor der Hütte, und Josef, der große Bernhardinerhund, begrüßt sie freudig. Der Großvater schwenkt Heidi im Kreis, umarmt und küsst sie. „So, jetzt gehen wir einmal ums Haus und zeigen dir alles, damit du dich wieder auskennst."

Dann gehen sie in den Stall, wo Heidi die Ziegen begrüßt. Schwänli hat wieder ein Junges bekommen.

In den nächsten Tagen und Wochen hat sich Heidi in den Bergen wieder so gut eingelebt, dass es ihr manchmal so vorkommt, als wäre sie nie fort gewesen. Alles ist wie früher, sogar die Ziegen aus Peters Herde scheinen das Mädchen wiederzuerkennen. Doch Heidi muss oft an Clara denken.

Eines Tages trifft ein Brief von Clara ein. Der Großvater möchte ihn ihr vorlesen, aber Heidi nimmt den Brief, öffnet ihn und liest selbst:

Liebe Heidi,

ich hoffe, es geht Dir gut bei Deinem Großvater. Es ist sehr einsam ohne Dich, aber Papa kommt mich jetzt öfter besuchen und Fräulein Rottenmeier ist auch netter geworden.

Das habe ich nur Dir zu verdanken. Schreibst Du mir auch mal?

Es grüßt Dich Deine Freundin Clara.

Der Großvater staunt sehr, weil Heidi lesen gelernt hat.

Schließlich kommt der Winter, und es ist kalt auf der Alm. Sehnsüchtig wartet Heidi auf den Frühling, denn dann kommt ihre Freundin sie besuchen. Der Großvater jedoch hat große Bedenken. „Vielleicht ist es dem feinen Fräulein hier nicht gut genug?“, fragt er Heidi, aber die kann ihn beruhigen. „Clara macht sich nichts aus zu viel Luxus. Sie wird sich hier sehr wohlfühlen!“, erklärt Heidi ihrem Großvater. Eines Tages kommt der Hausarzt von Herrn Sesemann aus Frankfurt. Er ist der Meinung, dass das Leben in den Bergen zu gefährlich für Clara sein könnte. „Diese steinigen Wege sind nichts für Clara, der Rollstuhl könnte kippen!“ Da läuft Heidi auf den Arzt zu: „Es wird ihr hier gefallen, die Wiesen und die Blumen, bitte!“ Nach einigem Zögern gibt der Arzt nach und stimmt zu, dass Clara im Frühling zu Besuch kommen darf. Auch er hat erkannt, wie wichtig die Freundschaft für die beiden Mädchen ist.

Endlich ist es so weit. Clara reist mit Fräulein Rottenmeier an. Heidi fährt ihre Freundin gleich durch das Dörfli und zeigt ihr alles. Es ist gar nicht so schwer, mit dem Rollstuhl auf den steinigen Wegen zu fahren, man muss nur ein wenig aufpassen. Peter nimmt Clara huckepack und trägt sie durch das Gras.
An einem herrlichen Flecken mit besonders schöner Aussicht machen sie Pause. Heidi, Clara und Peter setzen sich mitten zwischen die Blumen, ziehen ihre Strümpfe aus und lassen sich von der Sonne bescheinen. Zur gleichen Zeit spricht Fräulein Rottenmeier mit Großvater über Clara: „Ich kann gar nicht mit ansehen, wie dieser Peter sie herumträgt. Irgendwann passiert noch etwas!"

„Dann wäre es das Beste, wenn Clara laufen lernen würde. Ich weiß, sie wünscht es sich, und wenn sie will, dann kann sie es versuchen", sagt der Großvater.

Heute ist Claras großer Tag: Auf dem Platz vor Großvaters Hütte umklammert sie die Armlehnen ihres Rollstuhls und zieht sich vorsichtig aus dem Sitz hoch. Peter stützt sie dabei. „Sie steht! Sie steht!“ Heidi und Peter können es gar nicht fassen. Aufgeregt fassen sie Clara an den Händen. Clara macht ein paar Schritte, dann muss sie wieder stehen bleiben und sich ausruhen.

Man sieht ihr an, wie anstrengend die ersten Gehversuche für sie sind. „Es ist genug!“, ruft der Großvater. „Wir alle sind froh über das, was sie heute geschafft hat, aber nun muss sie sich ausruhen.“

Clara übt jetzt jeden Tag. Sie hat ihrem Vater geschrieben, dass er sie erst wieder nach Frankfurt zurückholen soll, wenn sie es schafft, ganz alleine zu laufen. Der Rollstuhl, der kaum mehr genutzt wird, steht weit weg von der Hütte, nahe einem Abhang. Von der Hütte bis zu ihm will Clara ganz alleine ohne Hilfe gehen. Vorsichtig tritt sie aus der Hütte hinaus und setzt langsam einen Fuß vor den anderen, ohne sich festhalten zu müssen. Als Clara über die Türschwelle steigt, stolpert sie und fällt hin.

Sie stößt gegen den Rollstuhl, der rollt den Berg hinunter und zerbricht in Stücke.

Herr Sesemann ist aus Frankfurt gekommen und hat seine Tochter schon eine Weile beobachtet. Er geht auf Clara zu und nimmt sie zärtlich in die Arme. „Lass ihn liegen, wo er liegt, Clara", sagt er leise. „Du brauchst ihn nicht mehr. Im Rollstuhl bist du hierhergekommen, ohne Rollstuhl fährst du heim. Ich freue mich für dich!" Und alle freuen sich für Clara, allen voran natürlich Heidi, ihr Großvater und Peter.
Nun heißt es Abschied nehmen. Der Sommer war sehr lang, und es ist viel geschehen in diesen Monaten. Die Trennung fällt schwer, doch irgendwann muss es wieder heimgehen. Und auf einmal ist es still im Dörfli. Der Besuch ist abgereist, und das Leben in den Bergen nimmt wieder seinen gewohnten Gang. Heidi und Peter freuen sich schon wieder auf den nächsten Frühling, wenn Clara zu Besuch kommen kann.

Alice im Wunderland

nach Lewis Carroll

Es war ein heißer Sommertag, als Alice mit ihrer Schwester unter dem Schatten eines großen Baumes eine Rast machte. Plötzlich stand ein weißes Kaninchen mit einer braunen Weste vor ihr. In der Hand hielt es eine große Taschenuhr und sprach vor sich hin: „Ojemine, ich komme zu spät, ich komme zu spät!“ Eilig hastete es weiter, und Alice folgte ihm. „Wo laufen wir hin?“, fragte das Mädchen aufgeregt, aber das Kaninchen gab keine Antwort.

Alice folgte ihm trotzdem, bis es verschwunden war und Alice unter der Hecke einen Kaninchenbau entdeckte. Nur einen Augenblick später sprang sie ebenfalls in das Loch, sie dachte gar nicht darüber nach, wie sie wieder herauskommen sollte. Ihr Kleid plusterte sich auf wie ein Ballon, während sie immer tiefer und tiefer fiel.

Sie hatte Zeit, sich umzusehen und zu überlegen, was als Nächstes passieren würde, bis sie endlich unten ankam. Vor ihr lag ein langer Tunnel, an dessen Ende sie das weiße Kaninchen entdeckte. Alice lief ihm hinterher, bis sie in einer großen Halle ohne Fenster ankam. Von dem Kaninchen war nichts mehr zu sehen. Alice entdeckte eine winzige, blaue Holztür. Als sie durch das Schlüsselloch spähte, sah sie auf der anderen Seite den schönsten Garten, den man sich nur vorstellen kann. Das Türschloss wusste, was Alice dachte, und sagte: „Du bist viel zu groß, hier passt du nicht durch!“ Aber so leicht gab Alice nicht auf.

Sie blickte sich um und bemerkte, dass ein Tisch in der Mitte der Halle stand. Sie trat näher und entdeckte eine kleine Flasche, an deren Hals ein Zettel mit der Aufschrift „Trink mich!“ hing. Alice überlegte nicht lange und trank die ganze Flasche aus. Plötzlich fühlte sie sich seltsam und bemerkte, dass sie geschrumpft war.Nun war sie kleiner als die Flasche, und der Tisch unter ihr wirkte riesig. Da wurde ihr klar, dass sie nun durch die Tür passte, und sie glitt langsam vom Tisch hinunter.

Aber als sie an die Tür kam, fiel ihr ein, dass sie den Schlüssel vergessen hatte, der noch auf dem Tisch lag. Aber sie war zu klein, um ihn herunterzuholen. Da sah sie unter dem Tisch ein Kästchen mit einem Keks, auf dem stand: „Iss mich!“ Der Keks war sehr lecker, aber als sie ihre Hände ansah, fiel ihr auf, dass sie immer größer wurde. Die Halle sah plötzlich klein aus, und die Decke kam immer näher.

„Oje, ich bin so groß, dass ich niemals in den Garten kommen werde“, sagte sie bedauernd. Da brach sie in Tränen aus und weinte und weinte, aber weil sie eine Riesin war, weinte sie auch Riesentränen. „Wenn du nicht aufhörst zu weinen, werden wir alle ertrinken!“, rief das Schloss ihr zu. „Denk lieber etwas nach“, fügte es dann hinzu. Alice befolgte diesen Rat und sah sich um.

Sie bemerkte, dass noch einige Tropfen in der Flasche waren und trank diese schnell aus, in der Hoffnung, wieder ihre normale Größe zu erlangen. Aber sie wurde immer kleiner und kleiner, und die Tränen, die sie vergossen hatte, kamen ihr vor wie ein salziger Ozean. Sie trieb auf der Oberfläche, und da sie zum Glück gut schwimmen konnte, erreichte sie bald die rettende Tür.

Auf der anderen Seite der Tür spazierte sie eine Weile vor sich hin. Während sie so dahineilte, stieß sie gegen einen großen Pilz. Sie stellte sich auf die Zehenspitzen und spähte über den Rand. Da blickte sie in die Augen einer großen Raupe, die auf der Pilzkappe saß und eine Pfeife rauchte. Sie fragte nach dem Kaninchen, aber die Raupe lachte nur: „Du wirst es nicht einholen mit deinen kurzen Beinen. Ich kann dich wieder wachsen lassen. Eine Seite des Pilzes macht dich größer, die andere kleiner.“

Mit diesen Worten verschwand die Raupe. Nun wusste Alice nicht, welches die richtige Seite war, und biss entschlossen auf einer Seite ein Stück ab, und bald hatte sie ihre normale Größe wieder.

Auf der Suche nach dem weißen Kaninchen kam Alice an ein wundersames Haus. Hier fand eine verrückte Teeparty statt. Auf dem Rasen vor dem Haus war ein großer Tisch gedeckt. Der Hase und der Hutmacher begrüßten Alice mit der Frage: „Hast du heute Geburtstag?“ Alice verneinte, obwohl sie vermutete, dass die beiden sehr enttäuscht waren.

„Macht nichts, wir wollten gerade deinen Nichtgeburtstag feiern“, sagte der Hase. Alice war erstaunt. „Deinen Nichtgeburtstag, man hat nur einmal Geburtstag, aber alle anderen Tage sind Nichtgeburtstage. So haben wir öfter Gelegenheit zum Feiern“, erklärte der Hutmacher. Der Märzhase eilte herbei, um ihr Tee einzuschenken. Dann jubelten die beiden und feierten, und weil Alice sie für sehr verrückt hielt, hatte sie bald genug und verließ eilig die Nichtgeburtstagsfeier. Sie ging einen Hohlweg entlang, und plötzlich stand Alice vor einem Palast in einem wunderschönen Garten.

Drei Gärtner malten die weißen Rosen rot an. Alice bemerkte, dass die Gärtner wie Spielkarten aussahen. „Warum färbt ihr die Rosen rot?“, fragte sie, und die drei antworteten: „Die Königin mag nur rote Rosen.“ In diesem Augenblick rief einer der Gärtner ängstlich: „Die Königin kommt!“ Die Tore des Palastes öffneten sich, und eine lange Reihe von Soldaten marschierte heraus. Sie hatten, ebenso wie die Gärtner, die Form von Spielkarten und waren schwarz-weiß oder rot-weiß.

Der Herzbube folgte. Er trug ein Kissen auf dem die königliche Krone ruhte. Zuletzt erschien die Königin. Als die Herzkönigin bei Alice angelangt war, blieb sie stehen und fragte: „Was ist das?“ – „Ich heiße Alice, Eure Majestät“, sagte Alice sehr höflich. „Ich suche das weiße Kaninchen.“ – „Ein weißes Kaninchen, Unsinn! Kannst du Krocket spielen?“, fragte die Königin und lud Alice zum Spielen ein.

Alice hatte noch nie ein so seltsames Krocketfeld gesehen. Als Bälle dienten lebende Igel und die Schläger waren lebende Flamingos.

Der Königin schien das Spiel zu gefallen. „Ausgezeichnet!“, rief sie von Zeit zu Zeit. Alice versuchte ihr Bestes, aber es war ziemlich schwierig, mit lebenden Tieren zu spielen. Wenn sie einen Igel mit dem Kopf ihres Flamingos schlagen sollte, verdrehte sich der Vogel und blickte ihr in die Augen. Alice wollte so nicht spielen, und plötzlich stand das weiße Kaninchen neben ihr und tröstete sie.

Plötzlich sprang eine grinsende Katze, die die Königin hasste, dieser auf den Rücken und verknüpfte den Saum ihres Kleides mit einem Flamingoschnabel. Die Königin hatte dies nicht bemerkt. Aber gerade, als sie am Gewinnen war, hob sie den Arm, der Flamingo ließ nicht los, und sie fiel vornüber. Von der ehrwürdigen Königin waren nur noch die Beine zu sehen, die in der Luft zappelten. Alle lachten aus vollem Hals, sogar der Gemahl der Königin, der ihr am Anfang ehrfurchtsvoll gefolgt war. Als die Königin schließlich wieder auf die Beine kam, bekam sie einen fürchterlichen Wutanfall und schrie Alice an. „Du bist verantwortlich dafür, weg mit dir! Kopf ab!“ „Man muss sie erst verhören“, sagte der König, und die Königin stimmte zu.

„Na gut, lasst sie uns verhören!“, meinte sie widerstrebend. Die Königin, der König und alle Kartensoldaten eilten in den Gerichtssaal. Die Königin klagte Alice des Hochverrats an und forderte das Abschlagen des Kopfes. Niemand wagte es, sich für Alice einzusetzen.

Alice war klar, dass sie nun ganz alleine handeln musste. Da hatte sie glücklicherweise eine Idee, denn der kleine König war keine große Hilfe für sie. Alice hatte noch ein Stück von dem Pilz in der Tasche. Wenn sie davon aß, würde sie wieder riesengroß werden und alle zu Tode erschrecken. Sie biss in den Pilz und begann sofort, zu wachsen und zu wachsen.

Die ganze Versammlung geriet in Panik, als sie mit ansehen musste, wie Alice immer größer und größer wurde. Die Richter und Schöffen wurden merklich nervöser. Die Königin rief wütend: „Kopf ab!“ Aber niemand beachtete sie.

„Nehmt Euch nicht so wichtig, Frau Königin!“, rief Alice wütend. „Ihr seid doch nur ein Kartenspiel!“ Kaum hatte sie diese Worte gesagt, kam das ganze Kartenspiel auf Alice zugeflogen. Zornig wollte sie den Kartenstaat verscheuchen. Dann rannte sie los, und die Kartensoldaten folgten ihr. „Wie soll ich hier je herausfinden?“, fragte sie sich. Sie war erschöpft und müde, wollte nur noch schlafen und schloss die Augen.

„Aufwachen, Alice! Du hast lange geschlafen!“ Sanft wurde Alice geweckt. „Ich hatte einen seltsamen Traum“, sagte sie. Auf dem Weg nach Hause erzählte sie ihrer Schwester von ihren Abenteuern im Wunderland. „Stell dir vor, im Wunderland haben weiße Kaninchen Taschenuhren und sind immer in Eile, weil sie Angst haben, zu spät zu kommen.“

Die Heinzelmännchen von Köln

von August Kopisch

Wie war in Köln es doch vordem
mit Heinzelmännchen so bequem!
Denn war man faul,
man legte sich
hin auf die Bank
und pflegte sich.

Da kamen bei Nacht,
eh man's gedacht,
die Männlein und schwärmten
und klappten und lärmten
und rupften und zupften
und hüpften und trabten
und putzten und schabten.

Die Zimmerleute streckten sich
hin auf die Spän und reckten sich.
Indessen kam die Geisterschar
und sah, was da zu zimmern war.
Nahm Meißel und Beil
und die Säg in Eil.

Und sägten und stachen
und hieben und brachen,
berappten
und kappten,
visierten wie Falken
und setzten die Balken.

Eh sichs der Zimmermann versah,
klapp, stand das ganze Haus schon fertig da!

Beim Bäckermeister war nicht Not,
die Heinzelmännchen backten Brot.
Die faulen Burschen legten sich,
die Heinzelmännchen regten sich
und ächzten daher
mit den Säcken schwer.

Und klopften und hackten.
Die Burschen schnarchten
noch im Chor,
da rückte schon das Brot,
das neue, vor!

Beim Fleischer ging es just so zu:
Gesell und Bursche lag in Ruh.
Indessen kamen die Männlein her
und hackten das Schwein die Kreuz und Quer.
Das ging so geschwind wie die Mühl im Wind!
Die klappten mit Beilen, die schnitzten an Speilen,
die spülten, die wühlten
und mengten und mischten und stopften und wischten.
Tat der Gesell die Augen auf –
wapp!, hing die Wurst im Ausverkauf!

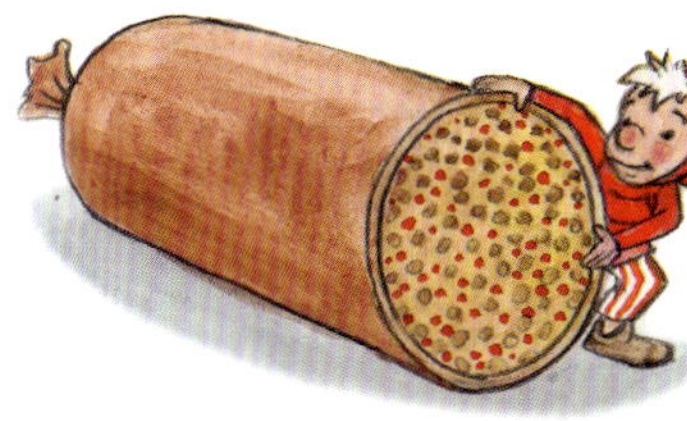

Beim Schenken war es so: Es trank
der Küfer, bis er niedersank.
Am hohlen Fasse schlief er ein.
Die Männlein sorgten um den Wein
und schwefelten fein
alle Fässer ein
und rollten und hoben
mit Winden und Kloben
und schwenkten und senkten
und gossen und panschten
und mengten und manschten.
Und eh der Küfer noch erwacht,
war schon der Wein geschönt
und fein gemacht!

Einst hatt' ein Schneider große Pein:
Der Staatsrock sollte fertig sein;
warf hin das Zeug und legte sich
hin auf das Ohr und pflegte sich.
Da schlüpften sie frisch
in den Schneidertisch.

Da schnitten und rückten
und nähten und stickten
und fassten
und passten
und strichen und guckten
und zupften und ruckten.

Und eh mein Schneiderlein erwacht,
war Bürgermeisters Rock bereits gemacht!

Neugierig war des Schneiders Weib
und macht sich diesen Zeitvertreib:
Streut Erbsen hin die andre Nacht.
Die Heinzelmännchen kommen sacht;
eins fährt nun aus, schlägt hin im Haus,
die gleiten von Stufen
und plumpen in Kufen,
die fallen mit Schallen,
die lärmen und schreien
und vermaledeien!
Sie springt hinunter auf den Schall
mit Licht:
Husch, husch, husch, husch! –
verschwinden all!

Oh weh! Nun sind sie alle fort!
Und keines ist mehr hier am Ort.
Man kann nicht mehr wie sonsten ruhn,
man muss nun alles selber tun!
Ein jeder muss fein
selbst fleißig sein
und kratzen und schaben
und rennen und traben
und schniegeln
und bügeln
und klopfen und hacken
und kochen und backen.
Ach, dass es noch wie damals wär!
Doch kommt die schöne Zeit
nicht wieder her!